**iolo williams**
blwyddyn fan hyn a fan draw

# iolo williams
## blwyddyn fan hyn a fan draw

Gomer

Cyhoeddwyd yn 2011 gan
Wasg Gomer, Llandysul, Ceredigion SA44 4JL

ISBN 978-1-84851-182-8

Dymuna'r cyhoeddwyr gydnabod cymorth
Cyngor Llyfrau Cymru.

Argraffwyd a rhwymwyd yng Nghymru gan
Wasg, Gomer, Llandysul, Ceredigion

*Er cof annwyl am*

**Dai Williams 1922-2009**
**tad a ffrind annwyl**

a

**Gweni 1997-2010**
**ffrind ffyddlon**

# Cydnabyddiaethau
## blwyddyn fan hyn a fan draw

Hoffwn gydnabod caniatâd y canlynol am yr hawl i ddefnyddio lluniau:

Terwyn Davies a Chwmni Teledu Telesgop am ffotograffau o gyfres
*Bro*, S4C; tt. 34, 47, 48, 57, 73, 84, 85, 96, 108, 109.

Indus Films am ffotograffau o Lawrence Paul yng Nghanada o'r gyfres
deledu *Iolo ac Indiaid America*, S4C; t. 107.

Traveline Cymru am ffotograff o Iolo yn Eisteddfod Genedlaethol
Cymru Blaenau Gwent a Blaenau'r Cymoedd 2010; t. 96.

Diolch i fy ngwraig Ceri am bopeth fel arfer ac i Dewi a Tomos am fod
mor amyneddgar gyda'u tad absennol dros y flwyddyn a aeth heibio.
Diolch i bawb yng Ngwasg Gomer am eu cymorth parod hefyd.

# CYNNWYS
## blwyddyn fan hyn a fan draw

# Ionawr

Dechrau'r degawd newydd:
crwydro, ffilmio a sledio

# Ionawr I

Am ddiwrnod bendigedig i ddechrau'r flwyddyn a'r degawd newydd! Mae haen denau o eira yn gorchuddio'r caeau, a'r haul yn tywynnu mewn awyr las heb gwmwl i'w weld yn unman. Roedd neithiwr yn wych hefyd. Dathlais nos Galan yn nhafarn y pentre' gyda'r teulu, a'r lle dan ei sang. Yna, tua un o'r gloch y bore, cerddasom i fyny'r rhiw serth at y tŷ a miloedd o sêr yn disgleirio uwchben, a thylluan frech yn galw o'r coed yw yn yr hen fynwent. Mae'r pâr wedi bod yn galw'n gyson ers dechrau mis Tachwedd, ac o fewn deufis bydd yr iâr fwy na thebyg yn eistedd ar ddau neu dri ŵy gwyn mewn twll yn yr hen dderwen, nid canllath o ffenestr y gegin.

Mae'r ddau gi, Ianto a Gweni, yn rhy hen rŵan i gerdded yn bell, ond mi fydda i'n dal i fynd â nhw am dro bach o leiaf ddwywaith bob dydd. Y bore 'ma, cerdded yn y caeau gwyn y tu ôl i'r tŷ wnaethom ni, a chwrdd â'r ffarmwr ifanc sy'n cadw defaid yno. Mae John yn gymeriad hoffus dros ben, ac ers inni symud i'n tŷ presennol ryw saith mlynedd yn ôl, mae o a'i dad wedi gadael inni gerdded ar y tir yn ddyddiol. Cofiwch, mae'n gweithio'r ddwy ffordd, gan fy mod innau wedi rhyddhau sawl dafad o'r ffens ac wedi dal ambell un a oedd wedi dianc i'r ffordd a'u dychwelyd i'r cae.

Newyddion drwg oedd gan John y tro yma, fodd bynnag. Esboniodd ei fod wedi prynu ffarm fynydd 160 o erwau dros y ffin yn Sir Amwythig, a'i fod yn hel ei ddefaid o'r caeau y tu ôl i'r tŷ am y tro olaf. Dywedodd ei fod wedi ceisio prynu mwy o dir yn yr ardal hon, ond gan ei fod yn cael ei werthu am bron i wyth mil o bunnoedd yr erw, nid oedd gobaith ganddo. Druan ohono, bydd yn talu'r arian yn ôl i'r banc am weddill ei oes, ac mae'n debyg mai ei blant fydd yn gweld ffrwyth ei lafur. Yn naturiol, roedd yn teimlo'n bryderus tu hwnt, ond fel y dywedodd – o leiaf mae'n cael gwneud rhywbeth sydd wrth ei fodd. Byddai yntau, fel minnau, yn gwywo petai'n gorfod gweithio mewn swyddfa.

Roedd y golau bore 'ma yn wych, a phan hedfanodd bwncath uwch fy mhen o frigau uchaf onnen fawr, gallwn weld pob pluen ar ei gorff. Heblaw hynny, nid oedd llawer i'w weld, ond roedd olion cwningod yn amlwg iawn yn yr eira. Maen nhw wedi cael blwyddyn lwyddiannus yn yr ardal, ac ambell ffarmwr yn eu saethu er mwyn gwerthu'r cyrff i'r cigydd lleol. Mae'n siŵr y daw *myxomatosis* yn ôl mewn dim o dro a lladd y rhan fwyaf o'r boblogaeth unwaith eto.

Cyn iddi dywyllu, roeddwn i am roi bwyd allan i'r adar bach er mwyn iddyn nhw gael pryd iawn o fraster a hadau i'w helpu i oroesi'r nosweithiau oer. Amrywiaeth yw'r gyfrinach i ddenu adar i'r ardd. Mi fydda i'n cuddio ychydig o hadau mân o dan y perthi, yn hongian cnau mwnci o gelynnen, ac yn cymysgu braster gyda hen fara i'w roi ar y bwrdd bwyd. Roedd y cŵn yn arfer cadw'r cathod draw, ond wrth iddyn nhw henciddio, maen nhw'n llai effeithiol nag yr oedden nhw erstalwm. Bydd brain a phïod yn dwyn llawer o'r bara os na fydda i'n wyliadwrus, ond caiff y rhan fwyaf o'r bwyd ei larpio gan yr adar mân.

### Ionawr 3

Dros y Nadolig a'r Flwyddyn Newydd, mi fydda i'n gwneud pob ymdrech i fynd i gerdded a rhedeg mor aml â phosibl. Mae rhywun yn tueddu i eistedd ar ei ben ôl, bwyta ac yfed gormod, a gwneud fawr ddim ar wahân i wylio'r teledu. Tydw i ddim yn un o'r rheiny. Un stôn ar bymtheg oedd fy mhwysau pan oeddwn i'n chwarae rygbi dair gwaith yr wythnos yn y coleg ac yn ffit fel milgi, a phymtheg stôn ydw i heddiw. Dwi'n ffodus 'mod i'n mwynhau chwaraeon, ac er gwaetha'r ffaith 'mod i wedi rhoi'r gorau i rygbi ers tair blynedd, dwi'n chwarae pêl-droed ac yn rhedeg yn gyson. Nid 'mod i'n rhedwr naturiol, cofiwch. Ar adegau, mi fydda i'n pwffio fel trên stêm wrth grwydro lonydd culion y sir, ond o leiaf mae'n rhoi cyfle imi weld mwy o'r wlad ac edrych am fywyd gwyllt.

Heddiw, rhedeg o amgylch hen blasty a gerddi ysblennydd Gregynog wnes i. Dim ond pedair milltir oedd y nod, ond gan fod y diwrnod mor anhygoel o oer a chlir, stompiais ymlaen am chwe milltir i gyd. Roedd caeau a phyllau'r ardal wedi rhewi'n gorn, a chan fod cymaint o rew dan draed, roeddwn yn rhedeg yn debycach i Torvill a Dean yn hytrach na Sebastian Coe ar adegau! Yr unig arwydd fod y gwanwyn ar ei ffordd yn rhywle oedd cnocell y coed, sef y gnocell fraith fwyaf, yn curo hen goeden binwydd dal fel gwn peiriant. Mae'n gynnar iawn i'r rhain ddechrau meddiannu eu tiriogaeth, yn enwedig yn y tywydd rhewllyd yma, ond mae'n siŵr fod yr haul gwan wedi eu drysu.

Lle bendigedig i fywyd gwyllt o bob lliw a llun yw gerddi Gregynog, yn enwedig ar gyfer adar. Heddiw, roedd adar duon o dan bob llwyn yn chwilio am lecyn nad oedd wedi rhewi, yn troi'r dail i chwilota am bryfetach a mwydod. Tydi hi'n rhyfeddol sut mae'r adar yma'n gwybod yn union lle i fynd i chwilio am fwyd? Mae'r rhew wedi peri i'r mwydod yn y caeau suddo'n ddwfn i'r ddaear, felly dim ond yn y mannau coediog, mwyaf cysgodol y gellir parhau i fwydo'n agos i'r wyneb, ac mae'r adar duon yn gwybod hynny'n iawn.

### Ionawr 4

Es i Aberystwyth y prynhawn 'ma i weld un o wyrthiau byd natur: drudwy yn clwydo yn eu miloedd o dan y pier ger yr Hen Goleg. Mynd yno i ffilmio'r adar ar gyfer cyfres newydd i BBC 2 oedden ni, ond cyn iddi ddechrau nosi, cefais gyfle i gerdded ar hyd y traeth caregog i sbio ar yr adar eraill.

Mae clwydfan gwylanod ar y cerrig ger y pier. Gan nad ydw i'n ffan mawr o'r adar yma, ac yn sicr does gen i ddim amynedd i fynd trwy haid o gannoedd yn chwilio am un prin, roedd yn well gen i wylio'r dwsinau o gwtiaid y traeth oedd yn brysur yn chwilota am fwyd ymysg y gwymon. Er bod yr adar yma'n eithaf lliwgar oherwydd eu cefnau browngoch a'u coesau oren, maen nhw'n medru bod yn anodd iawn eu gweld; ond unwaith y gwelwch un yn rhedeg o gwmpas fel rhyw degan gwallgof, daw'r gweddill i'r amlwg hefyd. Maen nhw'n adar eithaf eofn, ac wrth imi eistedd yn dawel ger y tonnau roeddent yn fodlon dod at fy nhraed, cyn sylweddoli mai person oeddwn i ac yna hedfan ychydig lathenni i ffwrdd.

Does dim dwywaith mai'r drudwy oedd sêr y sioe, fodd bynnag. Dechreuodd heidiau bychain gyrraedd toc cyn tri o'r gloch, ac mewn dim o dro roedd llond llaw o adar wedi troi'n gannoedd ac yna miloedd, pob un yn troi a throelli gyda'i gilydd uwchben y pier. Adar y cyfandir ydynt yn bennaf, wedi dod o Rwsia a dwyrain Ewrop i dreulio'r gaeaf yma yng Nghymru. Trwy gydol y dydd, byddant yn bwydo ar y ffermdir yng nghymoedd Rheidol ac Ystwyth cyn dychwelyd i ddiogelwch y pier gyda'r hwyr.

Mae'r olygfa yn Aberystwyth yn un o'r goreuon yn y wlad gan nad yw'r pier yn hir iawn, ac felly bydd sioe'r adar yn digwydd uwch eich pennau, ac am sioe! Am dros hanner awr, mi fues i'n gwylio'r miloedd o smotiau duon yn ffurfio siapiau di-rif wrth hedfan yn ôl ac ymlaen uwchben yr Hen Goleg, cyn penderfynu ar amrantiad ei bod yn amser cilio i glwydo o dan y pier. Pan fydd yr arweinwyr yn dewis disgyn o'r awyr i gael lloches dros nos, bydd pob un aderyn arall yn dilyn fel storm o blu duon. Diwedd arbennig i ddiwrnod bythgofiadwy ym myd adar.

## Ionawr 5

Mae hi wedi bwrw dros wyth modfedd o eira dros nos, a chefais dipyn o drafferth cyrraedd ardal y Glaslyn ger Porthmadog y bore 'ma. Roedd y wlad i gyd yn glaerwyn, a'r ffyrdd gwag yn haen drwchus o rew. Prin i mi weld cerbyd arall yr holl ffordd, ac wrth iddi wawrio, a minnau'n croesi Bwlch yr Oerddrws ger Dolgellau, ciliodd yr eira'n syfrdanol o sydyn i ddatgelu copa Cadair Idris yn ei mantell wen.

Erbyn imi gyrraedd Llanfrothen, roedd y criw i gyd yn aros amdana i, ac yno hefyd roedd Kelvin Jones, cyn-blismon sy'n adarydd brwd. Plismon henffasiwn oedd Kelvin, yn chwe throedfedd a phedair modfedd o daldra yn nhraed ei sanau. Mae'n gawr o ddyn, y math o blismon dwi'n ei gofio yn crwydro ein pentrefi pan oeddwn yn fachgen ifanc. Mae o hefyd yn ddyn addfwyn a charedig dros ben, ac yn adarydd o fri. Ers degawdau bellach, fo sydd wedi bod yn cadw cyfri o'r haid o elyrch y gogledd sy'n gaeafu ar y caeau ger Llanfrothen, yr hyn oedden ni am geisio'i ffilmio.

Mae agosáu at haid o dros 60 o elyrch y gogledd heb eu dychryn yn ddigon anodd, ond mae ceisio cael dyn camera un ochr i'r adar a'r cyflwynydd yr ochr arall bron yn amhosibl. Mae'n rhaid cerdded yn araf iawn, stopio am gyfnod nes bod yr elyrch yn hapus, ac yna cerdded ychydig o gamau ymlaen cyn stopio eto. Cymerodd bron i ddwy awr inni fod mewn sefyllfa lle roedd yr adar a ninnau'n hapus; ac yn y diwedd cafwyd llun o'r elyrch yn pori'n dawel, minnau y tu ôl iddyn nhw a mynyddoedd gwyn, godidog Eryri yn y cefndir.

Erbyn inni orffen gwaith y bore, roeddwn i bron â llwgu, felly draw â ni i gaffi cysurus mewn ystad ddiwydiannol ar gyrion Porthmadog am ginio cynnar. Roedd hi fel bwydo'r pum mil. Rhyngon ni, dwi'n siŵr inni fwyta digon o facwn, wyau, ffa pob, selsig a brechdanau i gadw'r wlad gyfan am wythnos, a digon o de i foddi tref Caernarfon. Does dim byd gwell na brecwast mawr a phaned boeth ar ôl bore hir o waith yn yr oerfel.

Bu'n rhaid ffarwelio â Kelvin ar ôl bwyta er mwyn inni deithio i goedwig Niwbwrch ar Ynys Môn. Roedd yr eira'n gwaethygu fesul eiliad, ac oni bai fod y criw yn teithio gyda fi yn y Land Rover, dwi ddim yn meddwl y buasai wedi bod yn bosibl cyrraedd y goedwig. Ar y ffordd, gwelsom heidiau o gornchwiglod – ymwelwyr o'r cyfandir – yn eistedd yn dawel ar rai o gaeau Môn yn aros i'r tywydd wella. Druan ohonyn nhw, ond petasai'r tywydd oer yn parhau, byddent yn siŵr o symud i Iwerddon i chwilio am dywydd mwynach.

Ciliodd yr eira wrth inni yrru drwy'r goedwig tuag at y traeth, ac erbyn inni gyrraedd y twyni roedd yr haul gwan wedi dychwelyd unwaith eto. Aros a gwylio oedd y peth cyntaf i'w wneud er mwyn gweld lle'n union yr oedd y cigfrain yn clwydo yn y goedwig. Rhoddodd hyn amser i mi grwydro'r twyni a'r traeth i weld a oedd unrhyw beth wedi mentro allan yn yr oerfel dychrynllyd, ond ychydig iawn a welais. Yr unig aderyn o gwmpas y lle bron oedd ceiliog clochdar y cerrig yn hedfan o foncyff i foncyff ymysg y twyni i chwilio am hadau; ac yna wrth gerdded i gyfeiriad Ynys Llanddwyn, gwelais gorff llwynog ifanc ar y traeth. Un o genawon y llynedd oedd o, wedi dod i'r traeth i chwilio am fwyd mae'n siŵr, ond ei ddiffyg profiad yn golygu ei fod wedi llewygu oherwydd y tywydd garw.

Es yn ôl i'r goedwig wedyn i gwrdd â'r criw a dechrau ffilmio'r cigfrain yn dod i glwydo. Ar adegau, bydd dros fil o adar yn ymgasglu yma, ond byddant yn cyrraedd fesul dau neu dri ac yn newid eu lleoliad yn rheolaidd. Y bwriad oedd i mi gropian yn agos at yr adar o dan y coed ychydig cyn iddi dywyllu, er mwyn recordio galwadau a synau'r adar. Y broblem, fodd bynnag, yw fod cigfrain yn adar doeth tu hwnt sy'n amharod iawn i rannu eu clwydfan gyda phobl. Yr ateb felly, oedd i'r criw a minnau gropian yn weddol gynnar, eistedd yn hollol lonydd o dan drwch o frigau ac aros i'r adar gyrraedd.

Dechreuodd pethau'n wych a llwyddon ni i gerdded o dan y coed heb aflonyddu dim. Hedfanodd rhai o'r cigfrain uwchben, yn crawcian yn gyson, ac mewn dim o dro roedd dros ddwsin yn galw wrth ein hochr a dau swnllyd tu hwnt yn gweiddi am y gorau uwch ein pennau. Dyma'r camera yn dechrau ffilmio a minnau'n troi tuag ato i sôn am yr adar, y cigfrain yn galw'n swnllyd a'r gwynt yn tawelu – popeth yn berffaith - nes i hofrennydd melyn anferth hedfan yn isel dros y coed a dychryn yr holl adar i ffwrdd. Roedd yr awyr yn las gyda'r rhegi, ond fel yna mae hi weithiau gyda ffilmio bywyd gwyllt, a does dim byd allwch chi ei wneud ond dod yn ôl rywdro eto a gweddïo bod popeth am fynd yn iawn.

## Ionawr 7

Cafwyd mwy o eira dros nos yn y Canolbarth, ac fe wnaeth y tymheredd ostwng i bymtheg gradd o dan y rhewbwynt neithiwr. Y bore 'ma, roedd rhaid imi deithio i Gaerdydd i ffilmio rhaglen blant, felly cychwynnais mewn digon o bryd. Wrth yrru trwy dref Llandrindod, sylwais fod tua hanner dwsin o socanod eira yn bwyta aeron llwyni *Cotoneaster* yng ngerddi rhai o'r tai. Stopiais y cerbyd mewn lle diogel a cherddais yn ôl i'w gwylio.

Yn niwedd Hydref diwethaf, pan ddaeth miloedd o'r ymwelwyr gaeafol yma o Sgandinafia, roedden nhw'n bwydo'n bennaf ar y tunelli o aeron cochion ar y coed drain gwynion a chriafol. Wedi llarpio bron popeth o'u cwmpas, symudodd y rhan helaethaf i'r gorllewin, ledled Cymru a thros y môr i Iwerddon. Mae'r ychydig sydd wedi aros gyda ni yn gorfod dygymod â'r tywydd rhewllyd a diffyg bwyd, ac yn dechrau ymddangos mewn gerddi a pharciau o gwmpas y wlad. O'u gweld yn agos, does dim dwywaith eu bod yn adar hardd. Maent tua'r un maint â brychanau'r coed gyda phen a chrwmp llwyd a chefn browngoch, ac fe'u gwelir yn aml mewn heidiau cymysg gyda bronfraith aeafol arall, y coch dan adain; ond dim ond y socan eira oedd i'w gweld y bore 'ma yn Llandrindod.

· · · · · · · · · · · · · · · · · · · · · · · · · · · · · · · · · · · · · · · · · · · · · · · · · · · · · · · · · · ·

## Ionawr 10

Neithiwr, aeth Ceri a minnau i barti gwisg ffansi i ddathlu pen-blwydd dau o bobl y pentref yn ddeugain oed. Roedd gofyn gwisgo fel cymeriad o'r 1970au, a phenderfynais fynd fel 'Huggy Bear' o'r gyfres *Starsky and Hutch*. Llogais wig 'affro' fawr, crys sidan porffor gyda choler anferth, a lliwiais fy wyneb a'm dwylo'n ddu, a chefais fenthyg *medaliwn* aur i'w wisgo ar frest flewog ffug. Cerddais i mewn i'r parti, ychydig yn amheus ar y dechrau rhag ofn nad oedd unrhyw un arall wedi gwisgo'n rhyfedd, ond roedd y lle yn orlawn o pync rocars, mods, *sheiks* Arabaidd, ambell i Mary Quant, Elton John, David Bowie, Freddie Mercury a Cher, a phob aelod o'r grŵp Abba! Roedd hi'n wych cael dawnsio i rai o ganeuon enwoca'r 1970au, ond gobeithio'n wir na welwn ni'r fath wallt yn y ffasiwn byth eto!

Y ffordd orau o ddod dros y parti hwyr oedd mynd allan i sledio am ddwy awr gyda'r hogiau, Dewi a Tomos. Roedd Gwyn, cymydog i ni, wedi adeiladu sled digon mawr i ddal tri o bobl, felly roedd hi'n hanfodol fod pedwar yn neidio arno i fentro i lawr bryn mwyaf serth yr ardal. Gan mai fi oedd y mwyaf, roedd rhaid imi orwedd ar fy mol ar hyd y sled a'r tri arall yn eistedd ar fy mhen. Wel am hwyl. Dwi ddim yn meddwl imi chwerthin cymaint ers oesoedd. Allwn i ddim gweld unrhyw beth am fod yr eira'n cael ei daflu i'm hwyneb, ac wrth inni fynd dros y tociau tyrchod – pob un wedi rhewi'n gadarn – roedd mwd yn tasgu ac yn fy nharo ar fy mhen. Roedd dwy awr yn hen ddigon o amser i gerdded i fyny ac i lawr y bryniau yn llusgo'r sled mwyaf welsoch chi erioed y tu ôl imi, felly dyma droi am adref a phaned boeth o de. Ar ôl cynhesu, es allan eto i roi mwy o fwyd i'r adar. Dwi ddim yn un sy'n cadw bwrdd adar, ond mi fydda i'n rhoi peli braster a chnau yn y perthi o gwmpas y tŷ, ac yn taflu briwsion a sbarion bwydydd addas yma ac acw ar hyd y lawnt. Y gaeaf yma, dwi am adeiladu pwll i ddenu madfallod a llyffantod, ond rhaid aros i'r rhew a'r eira gilio yn gyntaf.

## Ionawr 12

Am y tro cyntaf ers dros bythefnos, mae'r tymheredd wedi codi hyd at y rhewbwynt. Ar ôl wythnos a diwrnod ychwanegol o wyliau o achos yr eira a'r rhew, agorodd ysgolion y plant am y tro cyntaf ers cyn y Nadolig. I ddathlu, es i â'r cŵn am dro ar hyd camlas Trefaldwyn, camlas a adeiladwyd yn y bedwaredd ganrif ar bymtheg i gludo nwyddau amaethyddol o'r Canolbarth i drefi mawr Lloegr a chalch, glo a nwyddau angenrheidiol o'r cyfeiriad arall. Mae wedi cau ar gyfer cychod ers ymhell dros hanner canrif, ond yn y cyfamser mae wedi datblygu i fod yn lle arbennig i fywyd gwyllt.

Y bore 'ma, fodd bynnag, doedd fawr o ddim i'w weld ar y gamlas gan ei bod wedi rhewi'n galed o hyd, ond oherwydd bod ychydig mwy o eira wedi cwympo dros nos, roedd olion anifeiliaid ac adar i'w gweld yn glir. Yr amlycaf oedd olion dyfrgwn, o leiaf dau anifail gwahanol, a chrëyr glas a oedd wedi bod yn cerdded yr ochrau'n ofer i chwilio am lygod neu lyffantod. Pan fydd y dŵr yn rhewi am gyfnod hir fel hyn, bydd llawer o'r adar fel crehyrod a gleision y dorlan yn dioddef yn arw. A dweud y gwir, gaeaf caled yw gelyn pennaf nifer o'r adar gan gynnwys y dryw bach, un o'n hadar mwyaf niferus. Pan ddaw'r gwanwyn, dwi'n siŵr y bydd sawl naturiaethwr yn gweld gostyngiad syfrdanol yn niferoedd adar fel hyn, ac efallai'r dylluan wen hefyd, aderyn arall sy'n llwgu pan fydd eira ar lawr am wythnos neu fwy.

Roedd y dyn tywydd wedi addo mwy o eira, a phan yrrais i Lanelli i recordio rhaglen *Wedi 7*, daeth y gwynt a'r eira yn brydlon am bedwar o'r gloch wrth imi yrru drwy Landeilo. Ychydig ymhellach ymlaen, rhaid oedd stopio'r car am gyfnod i aros i'r heddlu wthio cerbyd i ochr y ffordd, a sylwais ar robin goch yn defnyddio golau lamp stryd i fwydo ar hadau a oedd wedi'u taflu ar lawnt rhyw dŷ crand. Ar ôl llenwi ei fol, neidiodd i ganol perth *Leylandii* drwchus. Efallai nad yw'r *Leylandii* yn cynnig llawer o fwyd i'n bywyd gwyllt, ond mae'n sicr yn rhoi cysgod a lloches mewn tywydd garw.

Erbyn inni orffen ffilmio, roedd yr eira'n drwchus ar lawr ac yn lluwchio ar hyd y ffyrdd. Ar y radio roedd sôn bod nifer o ffyrdd wedi'u cau o achos y tywydd garw, ond llwyddais i deithio adre'n ddiogel heb weld yr un enaid byw heblaw am lwynog mawr tew ym môn gwrych ger Rhaeadr. Edrychodd i fyw fy llygaid cyn troi ar ei sawdl a diflannu i'r tyfiant, a'i gynffon falch yn ei ddilyn.

## Ionawr 13

Dwi i fyny ac i lawr o'r Gogledd fel io-io ar hyn o bryd. Er 'mod i'n ceisio cwtogi ar
y milltiroedd y bydda i'n eu gyrru, o achos natur y gwaith a chan fy mod i'n byw yng
nghefn gwlad, mae hi bron yn amhosibl teithio i unrhyw le ar fws neu drên. Os bydda
i'n mynd i Gaerdydd neu Aberystwyth mae'r trên yn weddol gyfleus, ond mae ceisio
trefnu i fynd o'r Canolbarth i Ddyffryn Conwy, Bangor a Malltraeth mewn diwrnod ar
drafnidiaeth gyhoeddus fel ceisio cerdded i'r lleuad.

Beth bynnag, i'r Gogledd amdani mewn tywydd digon anodd unwaith eto. Ar ôl
yr eira a'r gwynt cryf dros nos, roedd lluwchfeydd ym mhob man ac ambell ffordd
fynyddig wedi cau'n gyfan gwbl. Doedd dim posib croesi'r Berwyn na Mynydd
Hiraethog, ac yn ôl y newyddion roedd nifer o ffyrdd Sir Benfro a'r Bannau wedi cau
hefyd. Nid eira oedd y broblem fwyaf fodd bynnag, ond pobl yn gyrru'n wael. Gwelais
un person mewn panig llwyr wrth ddod at gornel, yn sathru ar y brêcs, ac yn taro
car arall yn syth. Cymerodd dair awr a hanner imi gyrraedd Llanbedrycennin yn ymyl
Dolgarrog, taith o ryw awr a thri chwarter fel rheol!

Mae mynwent Llanbedr yn safle gwych i weld y gylfinbraff, aelod o deulu'r ji-binc
gyda phig anferth a chynffon fer. Mae'n aderyn digon anghyffredin yng Nghymru,
ond bydd heidiau i'w gweld mewn ambell leoliad drwy gydol y gaeaf, yn aml mewn
mynwentydd lle byddant yn bwydo ar hadau'r coed yw. Gwelais o leiaf bump ymysg
brigau ucha'r coed, ond mae gweld a ffilmio bywyd gwyllt yn ddau beth hollol
wahanol. Treuliais ddwy awr yn dangos yr adar i Steve y dyn camera, ond pan oedden
ni'n barod i ffilmio doedd dim sôn amdanynt. Roedd y ddau ohonom mor grac fel y
gallem fod wedi dringo'r coed ar eu holau. Mae amynedd yn hollbwysig wrth wylio a
ffilmio bywyd gwyllt, ond doedd dim llawer ohono'n amlwg erbyn amser cinio.

Ymlaen â ni wedyn i goedwig Niwbwrch i geisio ffilmio'r cigfrain ar ôl inni fethu
yr wythnos cynt. Y tro yma, roedden ni'n gwybod mai'r gyfrinach oedd cyrraedd
yn gynnar i fynd o dan y coed, aros i'r adar ddod i'r glwydfan, a gweddïo na ddeuai
hofrennydd uwch ein pennau. Cawsom hyd i bant bach cudd ychydig lathenni o'r brif
glwydfan, ac mewn dim o dro roedd dwsinau o'r adar yn crawcian, yn chwyrnu, yn
gwichian ac yn cyfarth yn hapus. Mae gan gigfrain dros dri deg o alwadau gwahanol,
a dwi'n siŵr imi glywed bron pob un ohonynt wrth eistedd o dan y coed. Roedd hi
fel eistedd mewn tŷ tafarn tramor yn gwrando ar y bobl yn parablu mewn iaith hollol
estron, oherwydd pan fyddai un gigfran yn galw, byddai hanner dwsin o rai eraill yn
barod i ateb bob tro. Weithiau roedd y synau'n gariadus, ond bryd arall gallwn daeru
mai dweud y drefn wrth ei gilydd oedden nhw. Profiad hollol unigryw oedd hwn ac un
a fydd yn aros yn y cof am amser maith.

Yn anffodus, roedd rhaid inni adael cyn iddi dywyllu rhag ofn inni gael ein cloi yn y
goedwig, ond roedd yr adar yn dal i alw a hedfan uwch ein pennau wrth inni gerdded
'nôl tua'r cerbyd. Llwyddon ni hefyd i ffilmio o leiaf hanner dwsin o gyffylog o dan ein

traed. Ymwelwyr gaeafol o Rwsia a rhai o wledydd dwyrain Ewrop yw'r rhain, adar sy'n mudo yn eu miloedd i Gymru dros y gaeaf. Byddant yn treulio'r dydd yn cuddio ar lawr y coed, ond yn mentro allan i gaeau cyfagos liw nos i fwydo ar bryfed genwair. Maen nhw'n adar digon od yr olwg gyda phig hir, fain a lwmpyn o gorff tew wedi ei orchuddio â phlu brown, oren a gwyn sy'n berffaith i guddio ymysg y dail ar lawr y coed.

## Ionawr 14

Arhosais dros nos mewn gwesty ger Bangor er mwyn cael dechrau ffilmio wrth iddi wawrio ar Gors Ddyga ger Malltraeth ar Ynys Môn. Tra oedd y diwrnod cynt yn llwydaidd a llwm, roedd y bore yma'n fendigedig. Yn well byth, wrth inni gyrraedd llwybr Lôn Las Cefni wrth ymyl yr hen A5, dyma garlwm gwyn yn rhuthro o'r tyfiant ar draws y lôn ac yn diflannu i'r ochr arall tuag at yr afon. Dim ond y drydedd waith oedd hon imi weld carlwm gwyn, ac er mai dim ond am ychydig o eiliadau yr oedd i'w weld, cefais olygfa wych o'r corff claerwyn a'r darn bach o ddu ar y gynffon. Er inni edrych amdano eto am hanner awr a mwy, roedd wedi hen ddiflannu.

Ar ôl dechrau mor fendigedig i'r diwrnod, byddai popeth arall yn dipyn o siom, ond mae Cors Ddyga yn lle arbennig. Wrth inni ffilmio'r haul yn codi a cheffylau'n cerdded ar draws y caeau trwy niwl y bore, roedd gïachod yn hedfan ar i fyny o dan ein traed a chorhwyaid yn galw o'r hesg trwchus ar hyd y ffosydd. Doedd dim amser i chwilota'n iawn, fodd bynnag, ac ymlaen â ni wedyn i ardal nad yw efallai mor adnabyddus am ei golygfeydd, Y Rhyl!

Waeth beth mae pobl yn ei ddweud am y Rhyl a'i milltiroedd o *amusement arcades* a pharciau carafannau, mae ambell safle gwych am fywyd gwyllt ar gyrion y dref. Un ohonynt yw'r traeth caregog sy'n estyn ar hyd yr arfordir yr holl ffordd i Fae Penrhyn, dros wyth milltir i ffwrdd. Yma, bob gaeaf bydd haid fechan o fras yr eira'n ymgasglu, adar sy'n nythu yn yr Arctig pell neu ar ucheldir mynyddoedd y Cairngorms yn yr Alban. Maen nhw'n cael eu denu i'r traeth gan yr hadau sy'n cael eu dal yn eu miloedd ymysg y cerrig, a chan eu bod yn eithaf eofn, mae'n safle gwych i'w weld. Dim ond pump oedd ar y traeth y bore 'ma, ond cawsom luniau gwych ohonynt yn bwydo ac yn glanhau eu plu, gan anwybyddu'n llwyr yr holl sbwriel a baw cŵn o'u cwmpas. Tydi hi'n syndod lle mae rhywun yn darganfod y bywyd gwyllt mwyaf trawiadol?

## Ionawr 17

Diflannodd yr eira'n gyflym iawn ar ôl inni gael glaw trwm echnos, ac erbyn y bore roedd y gorchudd gwyn trwchus wedi cael ei dynnu o'r tir, a'r caeau gwyrdd yn eu holau unwaith eto. Deffrais i weld heidiau o ddrudwy ac ambell i socan eira a choch dan adain yn bwydo ar hyd y tir wrth gefn y tŷ, ac yn sydyn iawn roedd yr adar mân wedi diflannu o'r ardd i chwilio am fwyd naturiol ymysg y coedlannau a'r perthi o gwmpas y pentref. Bydd bwydo'r adar yn rhatach o lawer o hyn ymlaen; mae'r hadau mân, y cnau mwnci, y peli braster a'r hadau blodau haul wedi costio cannoedd o bunnoedd i mi ers dechrau'r gaeaf, ond mae'r adar wedi dod ag oriau o bleser i mi a'r plant.

Cerddais drwy'r coed o dan glwb golff Llanidloes y prynhawn 'ma gan obeithio gweld arwyddion fod y gwanwyn ar ei ffordd, ond ofer fu'r chwilio. Erbyn canol mis Ionawr, fel rheol, mi fydda i'n gweld eirlysiau yn eu blodau ac ambell i bidyn y gog a llygad Ebrill yn dechrau gwthio'u dail uwchben y pridd; ond ar ôl yr holl rew ac eira, nid oes arwydd o flodyn yn unman. Does dim dwywaith fod y tywydd wedi gohirio arwyddion cynnar y gwanwyn o ryw bythefnos, ond fel y dyn treth, mae'n sicr o ddod cyn bo hir.

Am ddau o'r gloch, roeddwn i'n eistedd yn un o guddfannau Canolfan Fwydo'r Barcud Coch ar Fferm Gigrin ger Rhaeadr ynghanol haid o *Brummies*. Doniol iawn oedd gwrando arnyn nhw'n siarad â'i gilydd ac yn gofyn pob math o gwestiynau am adar a bywyd gwyllt yn gyffredinol. Dwi'n hoff iawn o glywed acenion gwahanol, ond pan ofynnodd merch i'w mam '*Is that a shoip or a deear?*' gan bwyntio at ddafad yn cnoi cil o'n blaenau, roedd hi'n anodd peidio â rhuo chwerthin. Cofiwch, dydyn ni ddim yn gwerthfawrogi pa mor ffodus ydym ni yn byw yng Nghymru o gael gwlad llawn amrywiaeth o gynefinoedd, golygfeydd a bywyd gwyllt; ac mae'n siŵr fod cyrraedd cefn gwlad y Canolbarth o ganol dinas fawr fel Birmingham yn dipyn o antur, ac efallai ychydig yn frawychus ar adegau.

Chwarae teg i'r criw yn y guddfan, pan roddwyd cig i'r adar am ddau o'r gloch y prynhawn – a dwsinau o farcutiaid yn cwympo o'r awyr fel cwmwl du – yr unig synau i'w clywed oedd 'Oooo', 'Aaaa' a 'Waaw' gan y plant a'r oedolion i gyd. Dwi wedi gweld hyn yn digwydd yn Gigrin o'r blaen, pobl â dim diddordeb o gwbl mewn adar yn cael eu syfrdanu a'u swyno gan yr olygfa i'r fath raddau fel eu bod yn prynu sbienddrych a llyfr adar cyn gadael. I rywun fel fi sydd wedi bod yn helpu i ddiogelu'r barcud am dros chwarter canrif, mae gweld dros 400 ohonynt yn yr awyr ar unwaith yn dal i gynhesu'r galon.

## Ionawr 19
Diwrnod o deithio heddiw, gwaetha'r modd; yn gyntaf i Gaerdydd i drosleisio cyfres newydd i S4C, ac yna i Abergynolwyn ger Tywyn i roi darlith i grŵp cymysg o gerddwyr a Merched y Wawr ar fywyd gwyllt yr ardal. Fydda i ddim yn darlithio'n aml y dyddiau hyn gan fod y gwaith a'r teulu'n cymryd cymaint o'm hamser, ond roedd hi'n braf mynd draw i neuadd pentref Abergynolwyn i gwrdd â hen ffrindiau. Erstalwm, byddwn i'n helpu i gadw llygad ar nythod barcutiaid coch yn yr ardal, ac yn mynd i wylio'r bilidowcars a'r brain coesgoch ar Graig yr Aderyn gerllaw. Mae'n ardal braf, a

chyfoethog ei hanes a'i bywyd gwyllt, ond bydda i wastad yn meddwl mai'r bobl sy'n gwneud ardal yn un ddifyr.

Cynulleidfa gymysg a diddorol iawn ddaeth i wrando. Gwragedd fferm, ffermwyr, ambell adeiladwr, trydanwr a sawl un wedi ymddeol hefyd. Ychydig iawn o bobl ifanc sy'n mynychu nosweithiau fel hyn – mae'n rhaid bod y teledu, y cyfrifiadur a'r PlayStation yn ddifyrrach o lawer na mynd i wrando ar naturiaethwr canol oed yn dangos sleidiau ac yn parablu'n ddi-baid am ei hoff bwnc!

## Ionawr 21

Disgynnodd mwy o eira ddoe, ond eira gwlyb oedd hwn gan fod y tymheredd yn uwch na'r rhewbwynt, a dim ond am ddiwrnod y bu'n gorwedd ar hyd y caeau cyn dadmer. Wedi dweud hynny, roedd lluwchfeydd yn parhau ar fynyddoedd y Berwyn y bore 'ma ar ôl eira mawr yr wythnos diwethaf, a doedd dim ond lle i un car ar y tro groesi'r mynydd o Langollen i gyfeiriad y Bala.

Cerddais ar hyd lôn goed a oedd yn arwain o'r ffordd ar draws y mynydd, ond doedd dim i'w weld heblaw dwy gigfran fawr ddu yn arddangos ac yn crawcian yn y cwmwl isel uwchben. Mynd i weld pwll bach o ddŵr yng nghanol y mynydd oeddwn i gyda Steve Phillipps, dyn camera sy'n arbenigo mewn ffilmio bywyd gwyllt. Bob mis Mawrth, bydd cannoedd o lyffantod yn dod i'r pwll i baru a dodwy, ac er nad oes afon na nant yn agos mae'r bwrlwm yn denu pob math o anifeiliaid rheibus, gan gynnwys dyfrgwn. Gobaith Steve yw rhoi cuddfan ar lan y pwll, a ffilmio'r anifeiliaid yn dod i fwyta'r llyffantod.

Mae gofyn bod yn amyneddgar tu hwnt i ffilmio rhywbeth fel hyn, ac mae Steve yn un o'r goreuon. Dwi wedi ei weld droeon yn eistedd mewn cuddfan am ddiwrnodau i gael y llun perffaith, ac unwaith eisteddodd mewn cuddfan ar aber afon Llwchwr ger Llanelli nes bod y llanw at ei gesail er mwyn cael lluniau da o chwiwellod. Dim ond ei ben, ei ysgwyddau a'r camera oedd uwchben y dŵr pan drodd y llanw! Yn sicr, bydd rhaid iddo eistedd yn dawel o fore tan nos am dri neu bedwar diwrnod os ydyw am weld y dyfrgwn yn hela'r llyffantod. Dwi mor ddiolchgar mai'r gwaith hawdd o siarad am fywyd gwyllt o flaen y camera yw 'ngwaith i.

## Ionawr 23

Dwi'n ffodus ofnadwy 'mod i'n cael tâl am un o 'niddordebau, ac yn cael cyflwyno amrywiaeth eang o raglenni ar y teledu a'r radio. Un o'r pleserau mwyaf yw cyfrannu i'r rhaglen *Galwad Cynnar* ar Radio Cymru bob bore Sadwrn. Gerallt Pennant yw'r cyflwynydd ac mae'n ddarlledwr penigamp, ond bydd rhestr faith o naturiaethwyr dwi'n eu hedmygu'n fawr yn cymryd rhan hefyd – pobl fel Elinor Gwynn, Duncan

Brown, Keith Jones, Hywel Roberts, Goronwy Wynne. Mae'n union fel *Who's Who* o naturiaethwyr Cymru.

Y bore 'ma, cafwyd e-bost o ardal Abergele yn cwyno bod ystad leol wedi saethu deugain cyffylog y dydd ers i'r eira mawr ddiflannu, ac yn gofyn a yw hyn yn beth doeth. Cwestiwn da, a'r ateb syml yw ei fod yn weithred hollol hurt. Mae ffrind da i mi yn ardal y Fenni hefyd yn saethwr cyffylog, ond mae o a'i gyd-saethwyr wedi gwahardd saethu'r adar am bum diwrnod ar ôl i'r tywydd mawr gilio er mwyn rhoi amser i'r cyffylog fwydo. Mae helwyr hwyaid wedi gwneud yr un peth yn union yn hollol wirfoddol ar aberoedd a llynnoedd ledled Cymru yn hollol wirfoddol. Y gwahaniaeth mawr, dwi'n amau, yw mai cadwraethwyr yw'r helwyr hwyaid a'r ffrind sy'n saethu cyffylog yn ne Cymru, ac mai busnes yw'r ystad ger Abergele. Does dim ots ganddyn nhw os yw'r cyffylog mewn cyflwr gwael cyn belled â bod y bobl gyfoethog sydd wedi talu am ddiwrnod o saethu yn cael eu hwyl a'u sbri.

O'm cwmpas yn y Canolbarth, mae nifer o'r ffermwyr wedi dod at ei gilydd i fagu a saethu ffesantod. Yn rhan o hyn, maen nhw wedi plannu coed yma ac acw, ac wedi adfer rhai o'r perthi fel bod lloches gan yr adar a digonedd o gysgod i nythu yn y gwanwyn. Byddant yn saethu dim mwy na rhyw ugain ar y tro, a chaiff pob aderyn ei fwyta. Ychydig filltiroedd i lawr y ffordd, mae ystad anferth sy'n magu degau o filoedd o ffesantod er mwyn denu rhai o sêr mawr y byd teledu, y byd chwaraeon a hyd yn oed ambell aelod o'r teulu brenhinol. Byddant yn saethu cannoedd o adar mewn bore, a'r rhan helaethaf o'r cyrff yn cael eu claddu mewn twll yn y ddaear. Yn fy marn i, nid hela yw hyn ond rhyw fath o ffatri saethu. Does fawr o grefft mewn sefyll yn yr unfan a saethu'r miloedd o ffesantod sy'n cael eu hanfon i wynebu'r gynnau. A pham na fydden nhw'n rhoi'r adar sydd wedi eu saethu i gartrefi hen bobl neu westai lleol er mwyn eu paratoi i'w bwyta?

Bob bore rŵan, mae mwy a mwy o arwyddion fod y gwanwyn ar ei ffordd. Pan ddeffrois wrth iddi wawrio, roedd dwy fronfraith, robin goch, titw mawr ac aderyn du yn canu nerth eu pennau; ac wrth fynd am dro yn ymyl Aber-miwl, gwelais eirlysiau yn eu blodau a dail pidyn y gog yn dechrau gwthio trwy'r dail brown ar lawr y goedwig. Mewn dim o dro, bydd blodau'n gorchuddio'r cloddiau a'r adar yn nythu yn y perthi unwaith eto. Mae'n wyrthiol sut y bydd natur yn cloi dros y gaeaf, ond yn ymateb yn gyflym unwaith y daw'r tywydd mwyn. Fel petai angen cadarnhad o ddyfodiad y gwanwyn, roedd ŵyn bach yn dawnsio o gwmpas un o gaeau'r pentref wrth imi fynd â'r cŵn am dro ychydig cyn iddi nosi. Mae adeg orau'r flwyddyn ar ei ffordd.

●●●●●●●●●●●●●●●●●●●●●●●●●●●●●●●●●●●●●●●●●●●●●●●●●●●●●●●●●●●●●●●●●●

## Ionawr 25

Mae rhywbeth mawr o'i le gyda'n ffilmio ni. Ers dros wythnos bellach, nid yw Steve Phillipps a minnau wedi llwyddo i ffilmio dim! Heddiw, dechreuon ni ger y Drenewydd i geisio cael lluniau o fronwen y dŵr, aderyn bach brown a gwyn sy'n byw ar hyd afonydd a nentydd Cymru. Nid yw gweld a ffilmio'r aderyn yma yn broblem, ond roedd angen i fi fod yn y llun hefyd, felly'r bwriad oedd cael Steve ar un ochr i afon Hafren gyda'i gamera, minnau ar yr ochr arall a'r aderyn bach yn y canol. Roeddwn i hyd yn oed wedi bod yno dros y penwythnos i ddarganfod y garreg berffaith yn union yng nghanol yr afon.

Wrth inni gyrraedd y bore 'ma, roedd bronwen y dŵr yn canu'n braf ac un arall ar y dorlan gerllaw, ond yn anffodus roedd hi wedi bwrw'n drwm am dros ddwy awr yn oriau mân y bore ac roedd lefel yr afon wedi codi fel bod y dŵr yn gorchuddio'r garreg a phob carreg arall o fewn hanner milltir.

Lwc mul, ond tri chynnig i Gymro, felly ymlaen â ni at afon Leri ger pentref y Borth yng ngogledd Ceredigion lle'r oedd dau ddyfrgi wedi eu gweld yn chwarae yn hollol eofn bob dydd am dros bythefnos. Y bwriad oedd i minnau eistedd ychydig lathenni y tu ôl i'r dyfrgi ar y dorlan tra bod Steve yn ffilmio o'r bont gerllaw. Dechreuodd pethau'n wych wrth inni gwrdd â dau berson a oedd wedi gweld y dyfrgwn yn chwarae ychydig oriau cyn inni gyrraedd. Awr yn ddiweddarach, daeth dynes a'i chi heibio a dweud bod y dyfrgwn wedi bod yn chwarae o flaen ei thrwyn y diwrnod cynt. Allen ni ddim peidio â chael y llun y tro yma!

Bedair awr yn ddiweddarach, y gwynt rhewllyd yn chwythu o'r dwyrain a hithau'n tywyllu'n gyflym, dyna lle'r oedden yn yr un lle. Mae'n wir 'mod i wedi cael golygfa wych o geiliog boda tinwyn wrth iddo droi tuag at ei glwydfan yng nghanol Cors Fochno, ac o iâr hwyaden benddu yng nghanol afon Leri, ond doedd dim arwydd o ddyfrgi yn unman. Petaswn i'n cael punt am bob tro mae rhywun wedi dweud wrtha i, 'Petasech chi 'di bod yma ddoe...', mi fyswn i'n ddyn cyfoethog iawn.

## Ionawr 27

Bydd naturiaethwyr yn tueddu i ganolbwyntio ar warchodfeydd a bywyd gwyllt gwledig, ac mae'n hawdd anghofio bod bywyd gwyllt trawiadol i'w weld yng nghanol ein dinasoedd a'n trefi mawrion. Yn ystod y ddau ddiwrnod diwethaf, dwi wedi ymweld â Llanelli, Abertawe, Caerdydd a Chasnewydd i ffilmio peth o'r bywyd gwyllt yno, ac mae'r amrywiaeth wedi bod yn agoriad llygad i'r tîm i gyd.

Ar gylchfan yng nghanol Llanelli, roedd pedwar coch dan adain yn bwydo ar fwydod yn y pridd, a drudwy yn canu o un o frigau uchaf masarn wrth ochr ffordd ddeuol brysur. Yn Townhill, un o ardaloedd mwyaf difreintiedig Abertawe, roedd haid o nicos yn bwydo ar hadau esgyll, a llinosiaid yn galw'n ddi-baid o dwmpath trwchus o eithin wedi ei amgylchynu gan dai cyngor. Ym Mharc y Rhath yng Nghaerdydd, roedd heidiau o hwyaid copog a hwyaid pengoch wedi ymuno â'r elyrch a'r hwyaid gwylltion; ac ym mharc Belle Vue yng Nghasnewydd, gwelais ddringwr bach yn bwydo ar bryfed mewn tyllau yn rhisgl cypreswydden fawr aeddfed. Mae'n dangos nad oes rhaid cerdded i ardaloedd mwyaf anghysbell Cymru i chwilio am fywyd gwyllt; mae llawer i'w weld ar drothwy'r drws, hyd yn oed yng nghanol ein dinasoedd mawr swnllyd.

Y cyfarwyddwr a gadwai drefn ar bawb oedd Alun Wyn Bevan, cymeriad o ddyn sy'n dod yn wreiddiol o Frynaman, ond fod gwreiddiau ei deulu yn ddwfn yn ardal Mynydd y Gwryd, sef yr un ardal â 'Nhad. Yn wir, mae Alun yn perthyn imi rywsut, ond dwi ddim yn siŵr beth yw'r cysylltiad. Mae'n berson hoffus ofnadwy ac yn un o'r cymeriadau hynny nad oes gan neb air drwg i'w ddweud amdano. Mae wedi bod yn athro, yn ddyfarnwr rygbi ac yn sylwebydd rygbi o'r radd flaenaf, ac mae hefyd yn gerddwr ac yn naturiaethwr brwd. Bydd ei gwmni'n ddiddorol bob amser gan fod y ddau ohonom yn rhannu diddordeb mewn natur a chwaraeon; ac mi fydda i'n cael ambell stori ddifyr o'r byd chwaraeon proffesiynol, ond yn anffodus ni allaf eu hailadrodd yma rhag ofn y daw cyfreithwyr ar fy ôl!

Roedd hi'n drawiadol cymharu'r arwyddion o ddyfodiad y gwanwyn yn y De a'r Canolbarth. Yn y perthi o amgylch Casnewydd, roedd cynffonnau ŵyn bach yn hongian yn hapus o goed cyll, a'r ŵyn eu hunain i'w gweld ym mhob cae bron. Mae'n od i rywun o Lanwddyn weld ŵyn bach yn y caeau ym mis Ionawr. Ar fryniau'r Canolbarth, Mai ac Ebrill yw misoedd yr ŵyn bach, pan fydd y rhew a'r eira wedi cilio a'r gwair yn dechrau tyfu unwaith eto.

• • • • • • • • • • • • • • • • • • • • • • • • • • • • • • • • • • • • • • • • • • • • • • •

## Ionawr 29

Yn ôl gyda Steve Phillipps heddiw a'r ddau ohonom yn benderfynol o ffilmio bronwen y dŵr, hyd yn oed os byddai'n rhaid inni ddal un a'i hoelio i'r graig! Ond gyda glaw trwm neithiwr, roedd y dŵr unwaith eto yn gorchuddio'r cerrig lle byddai'r fronwen yn sefyll a chanu. Dim ots, dywedodd y dyn tywydd ei bod yn mynd i fod yn braf trwy'r prynhawn, felly ymlaen â ni i geisio ffilmio hwyaid danheddog ar afon Hafren ger y Drenewydd.

Mantais fawr ffilmio ar gyrion tref yw fod y bywyd gwyllt yn fwy cyfarwydd â phobl, yn enwedig ger y Drenewydd lle bydd cerddwyr cŵn a physgotwyr i'w gweld yn gyson ger yr afon. Gan fy mod wedi gweld hwyaid danheddog yn yr ardal yr wythnos cynt, roeddem yn obeithiol iawn. Eisteddais yn amyneddgar ymysg pentwr o redyn a drain, gan geisio cuddio fy hun orau ag y gallwn er mwyn i'r adar fynd heibio'n weddol agos ar wyneb y dŵr. Wrth imi aros, daeth glas y dorlan i sefyll yn stond ar frigyn derwen dim mwy na thri metr i ffwrdd, a nofiodd iâr ddŵr o dan y dorlan yn hollol ddiffwdan gan godi ei chynffon wen wrth fynd.

Wedyn, yn anffodus, digwyddodd dau beth bron ar unwaith. I ddechrau, yr eiliad pan oedd pâr o hwyaid danheddog yn dod i'r golwg, dewisodd dyn lleol adael ei anghenfil o gi yn rhydd oddi ar ei gortyn. Carlamodd hwnnw'n syth at y dorlan gan beri i'r adar, a phob aderyn arall o fewn canllath, ei heglu hi nerth eu hadenydd tua'r dwyrain. Diolch byth, welodd o ddim ohona i'n cuddio ymysg y tyfiant neu mae'n siŵr mai yn yr afon fuaswn i.

Dim ots, mae'r hwyaid yma'n weddol diriogaethol o fis Ionawr hyd y gwanwyn, felly dyma guddio yn yr un lle ac aros drwy'r dydd os byddai angen. Dim ond ychydig eiliadau ar ôl setlo eto yn fy nyth gynnes, cododd y gwynt a daeth storm o eira. Dwi'n hoffi meddwl 'mod i'n ddyn digon gwydn i wrthsefyll storm fach o dro i dro, ond ar ôl eistedd am dair awr gyda drain mwyar duon yn fy mhen ôl, dim un hwyaden yn pasio, ci yn gwneud ei fusnes o fewn modfeddi i 'nhroed chwith a thon ar ôl ton o stormydd eira, dyma benderfynu rhoi'r ffidil yn y to. Prynhawn heulog a braf, wir! Mi fydda i'n cael gair â Derek y dyn tywydd pan wela i o nesa.

· · · · · · · · · · · · · · · · · · · · · · · · · · · · · · · · · · · · · · · · · · · · · · · · · · ·

## Ionawr 31

Mae'r penwythnosau pan gawn lonydd i gerdded mynyddoedd Cymru wedi hen ddiflannu, a'r dyddiau hyn tacsi i'r bechgyn ydw i. Mae Tomos yn chwarae pêl-droed ar foreau Sadwrn a Sul, a Dewi'n chwarae pêl-droed ar fore Sadwrn a rygbi fore Sul. Mae'r ddau wedyn yn ymarfer gyda thimau pêl-droed yr ardal ar brynhawn Sul, felly does fawr o amser i wneud unrhyw beth arall. Bydd y ddau yn ymarfer brynhawn Sul yng nghanolfan hamdden y Trallwng o leiaf, sy'n rhoi cyfle i mi edrych o gwmpas llyn Gungrog Flash.

Pwll mawr yw hwn mewn gwirionedd, wedi ei amgylchynu gan hesg, ac yn y gorffennol roedd yn safle gwych i weld yr wyach fawr gopog a'r hwyaden goch. Y prynhawn 'ma, fodd bynnag, roedd y llyn wedi rhewi'n gorn, a doedd dim i'w weld heblaw llond dwrn o gorhwyaid mewn cornel fechan lle'r oedd ychydig o ddŵr agored. Wrth imi gerdded ymyl yr hesg daliodd symudiad sydyn fy sylw, ac ar ôl imi sefyll yn stond am funud bron, daeth rhegen y dŵr i'r golwg. Mae'n aderyn tebyg i'r iâr ddŵr o ran maint, ond bod y corff yn frown a llwyd gyda llinellau du a gwyn ar yr ystlys, a bod ganddo grymanbig goch. Roedd hwn yn swatio o dan yr hesg marw, lle nad oedd y mwd wedi rhewi, er mwyn edrych am fwydod gyda'i big hir. Maen nhw'n nythwyr prin yng Nghymru, ond yn y gaeaf bydd ymwelwyr o'r dwyrain yn dod draw i'r wlad yma i osgoi'r tywydd garw; a phan fydd llawer o'n corsydd wedi rhewi, gellir eu gweld mewn ffosydd a hyd yn oed mewn pyllau yn ein gerddi.

Wel, mae Ionawr wedi llithro heibio heb imi sylwi bron, ac mewn dim o dro bydd yn dymor nythu ar yr adar unwaith eto. Yn sicr, bydd y mis yma'n aros yn y cof am yr eira mawr a'r tywydd oer, ond mi fydda i'n bersonol yn ei gofio am y diwrnodau o hwyl yn sledio gyda'r bechgyn. Cyfrinach mynd yn hŷn yw peidio â thyfu i fyny.

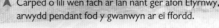

▲ Carped o lili wen fach ar lan nant ger afon Efyrnwy, arwydd pendant fod y gwanwyn ar ei ffordd.

▼ Dewi a Tomos yn cael hwyl yn yr eira, paradwys i blant bach.

**IONAWR**

➤ Ceri a fi'n mwynhau mynd nôl i'r Saithdegau, *groovy man*!

IONAWR

Drudwy yn clwydo ar bier Aberystwyth.

Bras yr eira yn haul y bore ar draeth ger y Rhyl.

▲ Llun hyfryd o Gweni, y ci anwylaf erioed,
yn eitha cartrefol yng nghanol yr eira.

▼ Eira mawr yn Llandysil am y tro cyntaf
ers degawdau.

IONAWR

# Chwefror

Eira, eira a mwy o eira:
her i fyd natur

## Chwefror 1

Yn ôl â fi ben bore i gwrdd â gweddill y criw ffilmio ar lan afon Leri ger y Borth i geisio ffilmio'r dyfrgwn unwaith eto. Dwi'n sicr fod y ddau anifail a oedd mor amlwg bythefnos yn ôl wedi dychwelyd i'r gors i hela ar ôl i'r rhew ddadmer, gan nad oes neb wedi eu gweld ers dros wythnos bellach. Dim ots, roedden ni'n bwriadu ffilmio pethau eraill yn yr ardal beth bynnag, a doedd eistedd yn dawel am bedair awr yn edrych ar olygfa odidog ddim yn waith rhy galed.

Daeth nifer o rydyddion a hwyaid heibio yn ogystal â hanner dwsin o grehyrod glas, ond dim un smic o ddyfrgi. Ac er nad ydw i'n un sy'n teimlo'r oerfel, mae eistedd yn eich unfan ar gerrig rhewllyd yn ddigon i oeri pen ôl arth wen heb sôn amdana i. Erbyn hanner dydd, a 'nghoesau wedi mynd i gysgu ers oriau, roeddwn i'n barod i fynd draw i gaffi Cletwr am frechdan bacwn ac ŵy a mwg mawr o de cryf, melys.

Doedd dim amser i oedi gormod yng nghynhesrwydd y caffi chwaith gan fod rhaid inni amseru'r ymweliad ag aber y Ddyfi yn ofalus i ddal y llanw isel. Ymysg y mwd trwchus mae hen foncyffion coed, pren sy'n dyddio'n ôl 5,500 o flynyddoedd, i adeg pan oedd y môr yn llawer pellach allan nag y mae o heddiw. Bryd hynny, roedd coedwig gollddail – coed derw, pinwydd yr Alban, cyll a bedw yn bennaf – yn gorchuddio'r tir; a gweddillion yr hen fforest fawr yw'r boncyffion ar yr aber. Teimlad rhyfedd yw cerdded ymysg y gweddillion gan wybod iddyn nhw weld golau dydd am y tro cyntaf filoedd o flynyddoedd yn ôl, ar adeg pan fyddai eirth, bleiddiaid ac afancod yn crwydro'r ardal.

## Chwefror 3

Cefais gyfle y bore 'ma i ymweld ag un o'm hoff warchodfeydd yn y Canolbarth, Dolydd Hafren, sydd ar lawr y dyffryn rhwng y Drenewydd a'r Trallwng, lle mae afonydd Rhiw a Chamlad yn llifo i'r Hafren. Diwrnod digon diflas oedd hi wrth imi yrru i lawr y ffordd hynafol sy'n arwain i'r warchodfa yng nghwmni Dewi Davies, hen ffrind a oedd yn galw heibio ar ei ffordd o'r coleg yn Aberystwyth i'r ysbyty yn Gobowen. Serch hynny, roedd digonedd i'w weld hyd yn oed cyn inni adael y cerbyd, gyda haid fawr o gylfinirod yn bwydo ar gaeau gwair wrth ymyl yr afon, ochr yn ochr â heidiau o ddrudwy a socanod eira.

Mae'r warchodfa'n gymysgedd o gynefinoedd, ac wrth droedio'r llwybr i'r cuddfannau fe ewch heibio i gae wedi ei aredig, perthi tal, ystumllynnoedd a chae llawn ŷd, ceirch a blodau'r haul wedi eu plannu'n arbennig ar gyfer adar fel y bras melyn, golfan y mynydd, bras yr ŷd a'r llinos werdd. Heddiw, beth bynnag, heblaw am ambell goch y berllan, ffesantod oedd yr adar mwyaf niferus ymysg y tyfiant tal.

Roedd yr ystumllynnoedd yn llawer mwy diddorol, a heidiau bach o gorhwyaid ac ambell chwiwell yn cuddio wrth ymyl yr hesg; ac o dro i dro, rhedai rhegen y dŵr o un frwynen i'r nesaf. Roedden ni wedi gobeithio gweld glas y dorlan neu hyd yn oed dyfrgi ar yr afon ei hun, ond dim lwc heddiw. Un anifail sy'n hawdd ei weld yma, er gwaetha'r ffaith fod ffrind imi wedi dod o hyd i ddau'n farw ar ffordd gerllaw yn ddiweddar, yw'r ysgyfarnog. Wrth eistedd yn y guddfan, gwelsom dair yn rhedeg ar ôl ei gilydd ar draws cae agored o wair tal. O fewn ychydig wythnosau, mi fyddan nhw'n dechrau paru a bydd yn werth dod yn ôl yma bryd hynny i weld y sioe.

. . . . . . . . . . . . . . . . . . . . . . . . . . . . . . . . . . . . . . . . . . . . . . . . . . . . . . . . . . . . . . . . . .

### Chwefror 5

Haleliwia, dyfrgi o'r diwedd! Codi'n gynnar unwaith eto, eistedd ar lan afon Leri i wylio'r wawr yn torri, ac o fewn awr dyna lle'r oedd dyfrgi yn nofio i lawr canol yr afon tuag ataf. Mewn panig mawr wedyn i geisio cael Steve a'i gamera yr ochr arall i'r afon a minnau'n ddigon agos i'r dorlan heb ddychryn yr anifail i ffwrdd. Ond mi lwyddon ni i wneud popeth, a'r dyfrgi'n bwydo ar bysgod yng nghanol llif y dŵr cyn nofio o fewn dau fetr imi a dechrau chwilota am grancod ymysg y gwymon, wrth i mi siarad â'r camera. Allai'r bore ddim fod wedi mynd yn well, ond ar ôl tri diwrnod cyfan o eistedd ac aros, roedden ni'n haeddu tipyn o lwc.

Aeth pethau'n well hefyd wrth i iâr gwalch bach eistedd ar bostyn ffens yn yr haul i gael ei ffilmio, yna hedfan i ffwrdd ar ôl haid o linosiaid. O gofio ein lwc y bore 'ma, roedd Steve a minnau'n awyddus i neidio ar awyren i Mauritius i chwilio am y dodo! Ond roedd rhaid bodloni unwaith eto ar frechdan bacwn ac ŵy a phaned boeth o de yng nghaffi Cletwr. Mae'r dyddiau o ddathlu gyda siampên hyd oriau mân y bore wedi hen ddiflannu!

. . . . . . . . . . . . . . . . . . . . . . . . . . . . . . . . . . . . . . . . . . . . . . . . . . . . . . . . . . . . . . . . . .

### Chwefror 9

Diwrnod o weithio gydag ysgolion cynradd heddiw, rhywbeth na fydda i'n gwneud llawer ohono oherwydd diffyg amser. Yn y bore, teithiais draw i ysgol gynradd yn ardal ddifreintiedig Oldford yn y Trallwng. Yma, mae'r brifathrawes yn gwneud gwaith arbennig i addysgu'r plant am fywyd gwyllt, yn enwedig adar. Pan gyrhaeddais, a 'mreichiau'n llawn o flychau pryfed a blwch cacwn, gwelais fod brigau'r coed yn gwegian oherwydd yr amrywiaeth o hadau a oedd wedi eu gosod i'r adar bach. Roedd yr athrawon a'r plant wrth eu boddau yn gweld 'Siôn Corn' yn cyrraedd gydag ychydig o anrhegion ychwanegol. Mae'n syndod sut mae un athro neu athrawes frwdfrydig yn gallu gwneud cymaint o wahaniaeth i fywyd plentyn.

Yn y prynhawn, teithiais i Ganolfan Fwydo'r Barcud Coch yn Gigrin ger Rhaeadr gyda phlant blwyddyn 3 a 4 o Ysgol Dafydd Llwyd. Yn eu mysg roedd Tomos, y mab ieuengaf, a oedd wedi bod yn edrych ymlaen at y diwrnod ers wythnosau.

Yn syth ar ôl cyrraedd, aethom am dro o amgylch y fferm, gan ddringo i gopa bryn uchel oedd yn rhoi golygfa wych o dref Rhaeadr. Gwelsom bob math o drychfilod mewn tomen o hen goed, a dringodd y plant i ganol boncyff bedwen fawr. Roedden nhw wrth eu boddau, a chwarae teg, roeddent yn ymddwyn yn arbennig o dda hefyd. Cawsom ginio sydyn ar ôl y daith gerdded, cyn mynd yn syth i'r cuddfannau i ddisgwyl y sioe.

Mae cadw diddordeb grŵp o blant am dair awr yn anodd, ac roeddwn i'n poeni

braidd y byddent yn siomedig â'r barcutiaid; ond unwaith y rhoddodd Chris,
y ffarmwr, y cig ar y llawr gan beri i'r adar gwympo o'r awyr fel plu eira mawr
browngoch, roedd y plant a'r athrawon wedi eu rhyfeddu'n llwyr. Buon ni'n eu gwylio
am dros hanner awr, a hynny mewn tymheredd rhewllyd, nes i amser fynd yn drech
na ni. Roedd pawb wedi gwirioni ar weld barcud du, ymwelydd prin iawn o'r cyfandir,
a barcud gwyn ymysg y barcutiaid eraill. Roedd y daith yn ôl i'r ysgol ar y bws yn un
bleserus dros ben, a'r plant yn gofyn pob math o gwestiynau am yr adar, gan gynnwys
faint o blu sydd gan farcud. Dyna gwestiwn!

••••••••••••••••••••••••••••••••••••••••••••••••••••••••••••••••••••••••••••••

## Chwefror 13

Tri diwrnod oddi cartref wedi dod i ben, y ddau ddiwrnod cyntaf mewn heulwen
braf yn ardal y gogledd a'r trydydd mewn tywydd rhewllyd yn y de. Ffilmio oeddwn
i unwaith eto, gan ddechrau cyn iddi wawrio ger castell y Fflint ar lan aber afon
Dyfrdwy. Gan fod dros gan mil o adar yn gaeafu ar lan yr aber, roeddwn i'n gwybod
ein bod yn mynd i weld digonedd o rywogaethau. Felly y bu, gyda channoedd
o bibyddion yr aber, pibyddion y mawn, pibyddion coesgoch, hwyaid lostfain,
chwiwellod a chorhwyaid yn hedfan heibio. Roedd hyd yn oed holl ddiwydiant yr
ardal yn edrych yn fendigedig gydag awyr goch y wawr yn gefndir.

Ymlaen wedyn i dwyni tywod Gronant ger Prestatyn, safle gwych arall i fywyd
gwyllt drwy gydol y flwyddyn. Wrth imi gerdded drwy'r moresg, ces i fy syfrdanu gan
y dwsinau o ehedyddion oedd yn canu o 'nghwmpas ym mhob man, a hithau ond
yn fis Chwefror. Mae'n rhaid bod yr heulwen braf wedi eu hysgogi i ganu nerth eu
hysgyfaint i sefydlu tiriogaeth a denu cymar. Bore gwych!

Yn y gorffennol, er gwaethaf ei delwedd, dwi wedi amddiffyn tref y Rhyl. Yn
rhannol gan fy mod yn cofio tripiau ysgol Sul hapus yno pan oeddwn yn fachgen
bach, ond hefyd am fod digonedd o fywyd gwyllt i'w weld yn yr ardal. Y cyngor ar
ôl heddiw, beth bynnag, yw peidiwch â mynd i fwyta yn y dref. Mi fues i mewn caffi
gyferbyn â'r pictiwrs, a minnau'n llwgu ar ôl gadael y tŷ am hanner awr wedi pump
y bore. Am siom. Brechdan bacwn ac ŵy lipa, paned wedi ei haildwymo, a chacen
deuddydd oed o leiaf! Yn sicr, fydda i ddim yn mentro yn ôl i fwytai'r Rhyl yn y
dyfodol agos.

Wedi galw heibio i Fae Colwyn, Porthaethwy (lle cawsom fwyd gwych, gyda llaw),
Ynys Môn a nifer o leoliadau eraill, roedd hi'n bryd symud ymlaen i bentref Rhandir-
mwyn, gwir gartref y barcud coch a'r naturiaethwr enwog, Dafydd Dafis. Mentro i
ganol y bryniau oeddwn i, yn agos i darddiad afon Cothi, i goed conwydd trwchus er
mwyn chwilio am y wiwer goch. Roedd y criw ffilmio yn cadw cwmni i mi yn ôl yr
arfer, ond hefyd y coedwigwr Huw Denman, sydd wedi bod yn rheoli coedwigoedd
ar hyd a lled Prydain yno hefyd; dros y degawd diwethaf, mae wedi gwneud tipyn
o waith i geisio achub poblogaeth isel y wiwer goch yn y Canolbarth. Roeddwn i ar

bigau'r drain gan nad oeddwn wedi gweld gwiwer goch yn y Canolbarth ers 1985, a honno wedi marw ar y ffordd ger pentref Llanwddyn.

Roedd Huw wedi gosod bwrdd bwydo i'r wiwerod ar hen foncyff yng nghanol y goedwig; a'r bwriad oedd i Steve a Pete, y bois camera a sain, guddio mewn cuddfan un ochr i'r bwrdd ac i mi guddio mewn rhwydi cuddliw yr ochr arall, gyda rhyw 30 metr rhyngom. Felly, os deuai gwiwer at y bwyd, byddai Steve yn gallu ffilmio'r wiwer yn bwydo a minnau yn y cefndir. Wedi inni sicrhau bod popeth yn barod, roedd hi bron yn naw o'r gloch y bore, a doedd dim amdani ond eistedd yn amyneddgar ac aros.

Ac aros, ac aros, ac aros. Erbyn un o'r gloch y prynhawn, a'r tymheredd un radd o dan y rhewbwynt ar ei uchaf, nid oedd un wiwer, heb sôn am ditw na phioden na llygoden wedi ymddangos. Dim byd o gwbl. Erbyn hyn, roedd ein penolau a'n coesau wedi hen fynd i gysgu a'n traed fel dau floc o rew, felly penderfynwyd gadael y cuddfannau a cherdded o gwmpas cyn inni farw o hypothermia!

Dwi'n reit dda yn yr oerfel fel rheol, ond mae gorwedd yn hollol lonydd am bedair awr yn wahanol iawn i gerdded mewn tywydd oer, a phenderfynon ni mai'r peth gorau fyddai symud ymlaen i Barc Dinefwr i geisio ffilmio'r ceirw fel ein bod yn cyflawni rhywbeth y diwrnod hwnnw. Diolch byth, roedd staff yr Ymddiriedolaeth Genedlaethol a'r ceirw yn fodlon iawn inni fod yno, ac er inni gael lluniau gwych o'r anifeiliaid urddasol yma, y peth gorau am y prynhawn oedd paned boeth o de i gynhesu'r corff ar ddiwedd y dydd.

∙∙∙∙∙∙∙∙∙∙∙∙∙∙∙∙∙∙∙∙∙∙∙∙∙∙∙∙∙∙∙∙∙∙∙∙∙∙∙∙∙∙∙∙∙∙∙∙∙∙∙∙∙∙∙∙∙∙∙∙∙∙∙∙∙∙∙∙∙∙∙∙∙∙∙∙∙∙∙∙∙∙∙

### Chwefror 17

Diwrnod hir arall wrth imi adael am hanner awr wedi pump y bore er mwyn cyrraedd Parc Margam ger Port Talbot i geisio ffilmio ceirw danas a holl weithgarwch diwydiant yr ardal yn y cefndir. Roedd yn fore digon llwyddiannus er gwaetha'r tywydd oer, gwlyb, a hynny'n bennaf am fod Jonathan, un o'r wardeniaid wedi ein tywys. Mae cael naturiaethwr gwybodus, lleol yn werth y byd i unrhyw griw ffilmio, a chefais fy rhyfeddu'n gyson gan wybodaeth a llygaid craff Jonathan. Hebddo, yn sicr, buasai'r criw ffilmio a minnau'n dal i fod yno'n chwilio am geirw ymysg yr holl goed.

Bydd pob llawlyfr yn dangos danas fel carw cochfrown gyda smotiau hufen ar hyd yr ystlys, ond mewn gwirionedd mae'r lliw yn medru amrywio'n fawr. Ymysg yr anifeiliaid ym Mharc Margam, ceir unigolion gwyn, rhai brown tywyll a rhai llwyd heb smotiau; felly, byddwch yn ofalus i beidio â dilyn y llyfrau'n slafaidd bob tro. Un peth sy'n nodweddiadol o'r rhywogaeth yma yw'r patrwm ar y pen ôl. Ceir llinell ddu ar y gynffon fer, llinell wen ar y naill ochr a'r llall iddi, a chromfachau du o'u hamgylch. Mae'r patrymau ar geirw eraill yn wahanol iawn, ond yr un patrwm sydd i'w weld ar ben ôl pob un carw danas.

Yn y prynhawn, gyrrais i ardal Ystradfellte yn y Bannau i ffilmio o amgylch rhaeadr enwog Sgwd yr Eira. Mae'r ardal yma i gyd yn hardd, ond Sgwd yr Eira yw fy ffefryn gan ei bod yn bosibl cerdded y tu ôl i'r rhaeadr ac edrych allan ar y byd drwy len o ddŵr. Mae'n deimlad od iawn, ac fel y dywedodd un ymwelwraig o ogledd Lloegr wrthyf, *'I've been here several times and it never fails to put a smile on my face.'* Disgrifiad perffaith o'r profiad.

Ddoe, mi fues i a'r bechgyn yn y Gogledd i weld Nain yn y Felinheli ac i ymweld â Sw Môr Môn ger Brynsiencyn. Doeddwn i erioed wedi bod yno o'r blaen, ond roeddwn wedi pasio heibio ar frys sawl gwaith, felly roedd hi'n braf, o'r diwedd, cael amser i ymweld â'r lle.

Roedd y bechgyn wrth eu boddau yn edrych ar yr amrywiaeth o fywyd tanfor, yn enwedig y morgwn, y lledod, ac yn fwy na dim y llysywod môr anferth. Mae'n lle gwych i weld creaduriaid na welwch chi fyth os nad ewch blymio o dan y tonnau, ac mae'n adnodd arbennig i ysgolion yr ardal. A dweud y gwir, cafodd y plant gymaint o hwyl bu'n rhaid mynd o gwmpas y lle dair gwaith cyn iddyn nhw ddiflannu y tu allan am gêm o 'golff gwyllt'. Ar ôl plymio o amgylch arfordir Cymru o Ynys Môn i Fro Gŵyr y llynedd, roedd hi'n wych gweld nifer o'r anifeiliaid eto, yn enwedig gan fy mod yn sych y tro yma.

## Chwefror 19

Cawsom ein dal gan yr eira eto ddoe. Ymddiheurodd y dyn tywydd, gan ddweud eu bod yn disgwyl i'r eira gwympo ar Loegr nid Cymru. Doedd hynny'n fawr o gysur i mi ar ôl codi'n gynnar iawn i geisio ffilmio grugieir duon ar Fynydd Rhiwabon, dim ond i gyrraedd am chwech y bore a darganfod nad oeddwn yn gallu gweld ymhellach na blaen fy nhrwyn!

Dim ots, o leiaf rhoddodd gyfle imi ymweld â chwpl diddorol oedd yn byw mewn tŷ fferm unig ger Cerrigydrudion. Glöwr oedd John yn wreiddiol, yn gweithio dan ddaear yn y Parlwr Du ar lan afon Dyfi nes iddo gael damwain erchyll a'i rhoddodd yn ei wely am fisoedd lawer. Doedd dim posibl iddo ddychwelyd i'w waith, felly dyma benderfynu prynu hen dŷ fferm yn y bryniau a mynd yno i fyw gyda Jan, ei wraig.

Dros y blynyddoedd, maen nhw wedi troi'r lle yn baradwys i fywyd gwyllt, ac yn ddiweddar mae'r ddau wedi dechrau ymddiddori mewn ffotograffiaeth. Dros baned mewn cegin gynnes, ces weld lluniau gwych o garlymod, ysgyfarnogod, tylluanod a phob math o adar mân. Wrth inni sgwrsio, roedd dwsinau o adar y to, titŵod a nicos yn ymweld â'r byrddau bwydo y tu allan i'r ffenestr gefn; a thrwy gydol y bore roedd pâr o farcutiaid coch yn troelli uwchben coedwig gollddail gerllaw. Yn sicr, byddant yn nythu yn yr ardal, os nad yn y coed ar dir y fferm, yn hwyrach yn y gwanwyn.

## Chwefror 20

Diwrnod i ffwrdd o'r gwaith ar ôl cymryd rhan yn y rhaglen *Galwad Cynnar* ar Radio Cymru, felly cyfle yn y prynhawn i fynd â'r bechgyn i wylio'r Drenewydd yn chwarae pêl-droed yn erbyn TNS. Fel rheol, mi fydda i'n mynd i wylio gêm rygbi, ond gan nad oedd unrhyw un o'r timau lleol yn chwarae gartref, pêl-droed amdani.

Roedd hi'n gêm ddigon difyr, ond roedd hi'n amlwg o'r dechrau mai TNS oedd y tîm gorau; ac ar ôl iddyn nhw gyrraedd sgôr o 2-0, arafodd y chwarae ac aeth yr ail hanner yn ddiflas iawn. Rhaid imi gyfaddef nad ydw i'n un da am wylio gêmau byw gan fy mod yn colli chwarae ers imi ymddeol, yn enwedig rygbi. Dwi'n dal i chwarae pêl-droed pump bob ochr am awr bob nos Fercher, ac yn chwarae i dîm *veterans* y Drenewydd bob yn ail nos Wener, ond does dim sy'n dod yn agos at gêm galed o rygbi. Mae'r boddhad o gerdded oddi ar y cae wedi blino'n llwyr ar ôl gêm hynod o galed yn anodd i'w ddisgrifio; ond dair blynedd yn ôl, rhois y ffidil yn y to gan fod yr hen gorff yma'n dweud mai digon oedd digon.

Gyda'r hwyr, cefais e-bost gan ffrind sy'n gweithio i Ymddiriedolaeth Natur Maesyfed i ddweud eu bod wedi colli'r frwydr i geisio atal Llywodraeth y Cynulliad rhag gwella pedair milltir o'r A470 rhwng Llanfair-ym-Muallt a Phontnewydd-ar-Wy. Yn waeth na hynny, anfonodd luniau i ddangos y dinistr llwyr wrth i'r contractwyr rwygo perthi a choed er mwyn dechrau'r gwaith cyn y tymor nythu. Mae fel brwydr y Somme yno, dim ond i fodurwyr gael arbed ychydig eiliadau ar eu taith.

Mae casáu yn air cryf, ond dwi wir yn casáu Llywodraeth y Cynulliad. Beth am eu polisïau trafnidiaeth gynaliadwy? Lle mae eu hymrwymiad i fioamrywiaeth? Ar adeg pan fo ysgolion cynradd, siopau bychain, capeli ac ysbytai lleol yn cau, dyma wŷr doeth Bae Caerdydd yn penderfynu gwario 35 miliwn ar wella darn o ffordd, sef yr A470 sy'n droellog o'i phen yng ngogledd y wlad i'w sawdl yn y de. Rhan o'r pleser o yrru ar hyd ffyrdd cefn gwlad Cymru yw eu bod yn nadreddu trwy dirwedd fendigedig, ac yn agor ein llygaid i fywyd gwyllt unigryw. Unwaith eto, mae'r Llywodraeth wedi siomi'r bobl ac wedi methu'r bywyd gwyllt.

CHWEFROR

........................................................................

## Chwefror 23

Eira, eira a mwy o eira, ond o leiaf y tro yma dim ond ar y tir uchel mae o wedi aros. Y broblem i mi a'r criw oedd ein bod am gyrraedd pen Bwlch y Groes, sef y ffordd sy'n mynd dros y bwlch rhwng Llanuwchllyn a Dinas Mawddwy. Yn ffodus, roedden ni i gyd mewn cerbyd 4x4, a llwyddodd i'n tywys i ganol yr eira a'r lluwchfeydd er mwyn inni ffilmio ychydig o'r golygfeydd. Roedd hi'n eithafol o oer yn y gwynt – rhyw bymtheg gradd o dan y rhewbwynt – ond roedd pâr o gigfrain yn arddangos a chroncian uwchben fel petai'r gwanwyn wedi cyrraedd.

Roedd dringo'r bwlch yn ddigon o her, ond roedd y daith i lawr yn frawychus a dweud y lleiaf. Gan mai fi oedd yn gyrru, roedd gofyn bod yn hynod o ofalus, ond wedi magwraeth yn Llanwddyn mae rhywun yn dod i arfer â'r eira blynyddol. Ara' deg oedd pia' hi, ac mae'n siŵr imi gymryd bron ugain munud i gyrraedd pentref Llanuwchllyn yn ddiogel, a'r tri arall yn gweddïo'n frwd yr holl ffordd i lawr.

Yn ôl â ni wedyn heibio i Rosygwaliau, dros y Berwyn ac i lawr heibio i Lyn Efyrnwy i ffilmio mwy o olygfeydd godidog yn yr ardal. Roedd y gronfa bron i gyd dan rew, a'r ychydig hwyaid nad oedd heb adael i chwilio am dir isel yn hel at ei gilydd yn druenus ar yr unig ddarn o ddŵr clir. Cwympodd trwch o eira drwy'r prynhawn, a bu'n rhaid inni roi'r gorau iddi am dri o'r gloch rhag ofn inni gael ein hynysu yno. Cofiwch, galla' i feddwl am lawer o bethau gwaeth na chael fy nghau i mewn yn y gwesty moethus ger Llyn Efyrnwy am ddau neu dri diwrnod!

## Chwefror 25

Wrth i'r haul godi dros y gorwel y bore 'ma gan wasgaru'r niwl, roeddwn i gyda'r criw ffilmio yn edrych ar gae wedi ei aredig yng ngwarchodfa Dolydd Hafren ger y Trallwng. Chwilio am ysgyfarnogod oedden ni, ac er bod y warchodfa yn un o'r llefydd gorau yng Nghymru i'w gweld, mae dod o hyd i un ar gae llawn tyllau, pantiau a ffosydd bychain yn hynod o anodd. Fodd bynnag, wrth eistedd yn dawel ac edrych yn gyson drwy'r sbienddrych, gellid gweld ambell anifail yn codi ei ben i syllu arni gyda'i lygaid mawr brown, ac mewn dim o dro roeddwn wedi dod o hyd i bedwar ysgyfarnog yn y cae.

Cawsom luniau gwych o un ohonynt yn swatio'n isel mewn pant, a'i glustiau hir yn gorwedd ar ei gefn. Amddiffyn ei hun oedd o wrth gwrs drwy orwedd yn hollol lonydd a dibynnu ar ei guddliw, ond os byddai angen, gallai saethu fel mellten o'i guddfan a charlamu ar draws y cae. Erbyn inni orffen ffilmio, roeddwn wedi dod o hyd i o leiaf chwe anifail ac wrth iddyn nhw ddod i arfer â'r criw a minnau, roedden nhw'n dechrau bwydo a cherdded o gwmpas yn hollol hapus. Mewn dim o dro, bydd y tymor paru'n dechrau, a bydd llawer mwy o redeg o gwmpas a phaffio i'w weld yn y cae. Mi geisia' i fynd yn ôl yn ystod y mis nesaf i weld y sioe yn datblygu.

Gan fod llawer wedi ei gyflawni yn y bore, roedd amser wrth gefn i alw heibio i Gaffi'r Cyfnod yn y Bala am ginio. Yn ogystal â bywyd gwyllt a chwaraeon, un o'm hoff bethau ydi bwyta, ac felly dwi wedi dod i adnabod caffis Cymru yn eithaf da dros y blynyddoedd. Mae Caffi'r Cyfnod yn un o'r goreuon, nid yn unig o achos y bwyd, ond hefyd o achos yr amrywiaeth o gymeriadau difyr sy'n galw heibio. Dros baned a brechdan, cefais sgyrsiau diddorol gydag ambell un, yn hen bobl ac yn blant ifanc yn ystod eu hawr ginio o'r ysgol; ond y peth gorau oedd cwrdd ag Anti Glen, hen ffrind o'r dref dwi ddim wedi ei gweld ers blynyddoedd lawer. Gwaith anodd oedd tynnu fy hun oddi yno i barhau â gwaith ffilmio, a nawr dwi wedi penderfynu yn union beth wna'i ar ôl ymddeol: eistedd yng Nghaffi'r Cyfnod yn sgwrsio, chwerthin ac yfed te.

## Chwefror 28

Efallai fod y bywyd gwyllt wedi bod yn wych ar ddechrau'r flwyddyn, ond mae'r rygbi yn mynd o ddrwg i waeth. Colli yn erbyn Lloegr yn y gêm gyntaf, ennill o drwch blewyn yn erbyn yr Alban ac yna colli unwaith eto nos Wener, y tro yma i Ffrainc. Does fawr o siâp ar y tîm eleni, yn enwedig o gofio mai'r un tîm fwy neu lai a enillodd y Gamp Lawn yn 2008. Mae'n dorcalonnus i bawb pan nad yw'r tîm cenedlaethol yn chwarae'n dda, a heddiw, wrth wylio'r mab ieuengaf yn chwarae pêl-droed, roedd y rhieni i gyd yn edrych yn ddigalon. Ond fel y dywedodd un tad wrthyf i yn ystod hanner amser, 'O leiaf fe gollodd Lloegr i Iwerddon!'

Dwi'n gweld arwyddion pendant, o'r diwedd, fod y gwanwyn ar ei ffordd. Er bod naws oer i'r gwynt dwyreiniol, o leiaf mae mwy o'r adar yn canu yn y boreau, ac mae hyd yn oed y ji-binc lleol wedi dechrau ar ei gân gyflawn yn lle'r ychydig nodau diflas sydd wedi bod yn dod o ddyfnderoedd y gwrych o flaen y tŷ am y bythefnos ddiwethaf. Cofiwch, mae popeth yn hwyr iawn eleni. Dwi ddim wedi gweld nyth cigfran, bronwen y dŵr nac aderyn du eto; ac fel rheol, erbyn diwedd Chwefror bydd nifer o adar yr ardd wrthi'n casglu deunydd ar gyfer eu nythod. Os cawn ni wythnos fwyn, dwi'n sicr y bydd nifer o'r blodau cynnar yn ymddangos ar hyd y cloddiau, ac mewn dim o dro bydd y llyffantod yn dodwy ym mhwll yr ardd drws nesaf, ond ar hyn o bryd ychydig iawn sydd i'w weld.

CHWEFROR

▲ Criw cwmni Aden yn ffilmio
*Wild Wales* yn yr eira.

Crëyr ifanc wedi marw yn yr afon dros y gaeaf llwm, golygfa drist iawn.

Y cŵn Ianto a Gweni yn mynd am dro ar hyd y gamlas.

CHWEFROR

Cap inc carpiog yn tyfu ar lawnt.

# Mawrth

Mis y nawddsant:
pen-blwydd Dewi y mab,
rhyfeddodau tanddaearol a rygbi

## MAWRTH 1

Dydd Gŵyl Dewi Sant a diwrnod pen-blwydd Dewi, y mab hynaf. Pan gafodd ei eni ar ddiwrnod ein nawddsant, roeddwn i eisiau ei enwi'n 'Caledfwlch Saisladdwr', ond doedd Ceri y wraig ddim yn fodlon, ac efallai fod hynny'n beth da wedi'r cyfan gan fod Dewi'n fachgen addfwyn iawn.

Heddiw oedd y diwrnod cynhesaf inni ei fwynhau ers tro byd, ond yn anffodus roedd yn rhaid imi ddioddef gweld yr haul braf drwy ffenest y trên i Gaerdydd. Mi fydda i'n gyrru draw i orsaf Craven Arms, ychydig filltiroedd dros y ffin, ac yn mwynhau edrych ar y wlad hyfryd yr holl ffordd i'r brifddinas. Y bore 'ma, gwelais lond dwrn o betris yn cysgodi wrth ymyl llwyni trwchus ychydig filltiroedd i'r de o Henffordd – y petris gwyllt cyntaf imi eu gweld ers dros ddegawd. Yn anffodus, maen nhw wedi diflannu fel adar gwyllt yng Nghymru, a dwi ddim wedi eu gweld yn Sir Drefaldwyn ers canol yr 1980au.

Diolch byth, aeth pethau'n gynt na'r disgwyl yng Nghaerdydd, ac o fewn ychydig oriau roeddwn i'n gyrru adref o Craven Arms ar hyd rhai o ffyrdd bach cefn gwlad Sir Drefaldwyn. Wrth imi agosáu at fy nghartref, dyma geiliog gwalch glas yn dod o unlle ac yn hedfan ychydig fodfeddi uwch pen blaen y cerbyd ar gyflymder o tua 30 milltir yr awr. Heb rybudd, rhuthrodd dros y gwrych, trwy ardd cymydog, ac allan eto o flaen y cerbyd. Ganllath i lawr y ffordd, gwnaeth yr un peth eto – y tro yma trwy fuarth fferm – a chan iddo beidio â dychwelyd o flaen y cerbyd, alla i ddim ond tybio ei fod wedi dal rhywbeth.

Mae rhywbeth tebyg wedi digwydd imi o'r blaen, a dwi'n sicr fod y gwalch yn defnyddio'r cerbyd i guddio ei bresenoldeb er mwyn gallu hedfan i'r gerddi ac ar hyd ochr y perthi heb i'r adar bach sylwi arno. Dwi ddim yn sicr a ydi o'n cael ei wthio ymlaen gan y cerbyd fel mae dolffiniaid ar flaen llong, ond modfeddi yn unig oedd rhyngddo a phen blaen y car am gyfnod hir. Beth bynnag, roedd y daith adref yn un llawer mwy diddorol ar ôl cael cwmni'r gwalch, ac er mai byr iawn oedd ei gyd-deithio â mi, bydd yr atgof yn aros yn glir yn y cof.

## MAWRTH 3

Dau ddiwrnod bendigedig o safbwynt y tywydd, y bywyd gwyllt a'r cwmni. Wrth iddi wawrio bore ddoe, roeddwn i'n eistedd yn y grug ar fynydd Rhiwabon yn gwylio dwsin o geiliogod grugieir duon ymysg y brwyn. Bydd yr adar yn cyrraedd cyn i'r haul godi, ac yn bygwth ei gilydd drwy agor eu cynffonnau i ddangos tusw o blu gwyn llachar a gwneud synau fel twrcïod gwallgof. Gan ei bod hi mor dawel yr adeg honno o'r bore, mae'r sŵn yn cario dros bellter mawr, a hyn sy'n denu'r ieir i baru fel rheol ym misoedd Ebrill a Mai. Mae cael eistedd yng nghanol y golygfeydd godidog yn gwylio'r fath sioe yn fraint go iawn, ac yn un o'r rhyfeddodau naturiol y gall rhywun ei weld yng nghefn gwlad Cymru.

Yn hwyrach yn y bore, symudais ymlaen i'r traeth ger Llanfairfechan i ffilmio dros fil o bïod y môr a oedd wedi hel at ei gilydd i glwydo ar benrhyn tenau adeg y llanw uchel. Roedd pob un yn sefyll yn glòs at ei gilydd i wynebu'r gwynt, ac ambell gylfinir yn eu mysg. Eisteddais ar y traeth i'w gwylio, ac yn sydyn pasiodd iâr hebog tramor uwchben gan beri i bob un hedfan i'r awyr ar unwaith fel rhyw ddarlun seicadelig du a gwyn. Mewn dim o dro, beth bynnag, roedden nhw yn eu holau yn gorffwys, ond roedd un neu ddau wastad â'u pennau i fyny a'u llygaid yn lled agored rhag ofn i ryw anifail rheibus arall daro heibio.

Y bore 'ma, mi fues i yng ngwarchodfa Dolydd Hafren eto, y tro yma yng nghwmni dynes leol o'r enw Ivy Evans, neu Ivy Belan yr Argae i bobl Sir Drefaldwyn. I'r rhai sy'n gwrando ar y rhaglen radio *Galwad Cynnar* bob bore Sadwrn, mae Ivy yn enwog am ei sylwadau craff ar ddigwyddiadau byd natur ger ei chartref, ond mae hi hefyd yn gwmni gwych ac yn gymeriad brwdfrydig tu hwnt. Dwi ddim yn meddwl ei bod yn cyrraedd pum troedfedd hyd yn oed o ran ei thaldra, ond mae hi'n llawn egni, a'r peth anoddaf wrth fynd allan am dro yn ei chwmni yw ceisio dal i fyny a siarad ar yr un pryd.

Cawsom fore wrth ein boddau yn gwylio ysgyfarnogod, corhwyaid a robin goch yn canu nerth ei ben, ac yn gwrando ar hanesion diddorol Ivy am ei phlentyndod a'i bywyd ar y fferm ger Cefn-coch. I goroni popeth, gwelsom dair gŵydd dalcen wen yr Ynys Werdd yn pori ymysg dwsinau o wyddau Canada ger y pyllau o dan un o'r cuddfannau, y tro cyntaf imi weld y rhain yn Sir Drefaldwyn ers dros ugain mlynedd. Diwedd gwych i ddiwrnod bendigedig.

●●●●●●●●●●●●●●●●●●●●●●●●●●●●●●●●●●●●●●●●●●●●●●●●●●●●●●●●●●●●●●●●●

## MAWRTH 5

Diwrnod arall o haul cynnes yn dilyn noson glir, oer a'r sêr yn disgleirio yn y nen. Doedd dim un cwmwl yn yr awyr neithiwr, a digon tebyg y bu hi drwy gydol y bore, ond roedd hi'n oer ofnadwy ym Metws-y-coed am hanner awr wedi saith y bore 'ma. Roeddem yno i geisio ffilmio adar mewn pentrefi prysur, a phan alwais heibio Betws ychydig ddyddiau'n ôl, roedd sawl robin goch, adar duon a bronfreithod yn canu nerth eu pennau wrth ymyl y ffordd. Y bore 'ma wrth gwrs, a'r camera'n barod, yr un hen stori oedd hi a dim byd yn canu na fawr ddim o gerbydau ar y ffordd chwaith.

Dim ots, ar ôl paned sydyn a sgwrs â rhai o'r trigolion, ymlaen â ni i adfail y felin lechi yng Nghwm Ystradllyn ger Porthmadog. Mae'n anferth o adeilad, a golygfa odidog i'w gweld ar hyd y cwm tuag at lethrau Moel Hebog a'r hen chwarel. Mewn ffenestr yn agos i gopa'r simdde, mae pâr o gigfrain wedi adeiladu nyth. Pentwr o frigau yw'r nyth mewn gwirionedd, wedi ei leinio â gwlân trwchus, ac mae'n siŵr o fod yn safle delfrydol gan ei fod wedi cael ei ddefnyddio am ddegawdau bellach.

Doedd dim amser i aros yn hir, gwaetha'r modd, ond gan fod fy stumog yn dechrau grwgnach, roeddwn i'n falch o gyrraedd caffi'r Graig Fawr ym Mhorthmadog am

frechdan a'r browni siocled mwyaf blasus imi ei fwynhau erioed. Ymlaen eto wedyn i
chwilio am forlo llwyd a oedd wedi ymgartrefu yn afon Glaslyn, rhyw bum milltir o'r
môr. Mae'n siŵr mai bwydo ar yr eogiaid oedd o'n bennaf, ond gan nad oedd i'w weld
yn agos i'w bwll arferol, penderfynais gerdded y ddwy filltir ar hyd ochr yr afon tuag at
Bont Croesor.

Wel am le gwyllt. Roedd mieri, coed helyg a mwd trwchus yn gwneud y cerdded
yn anodd, ond roedd llwybr pysgotwyr i'w ddilyn am lawer o'r ffordd. A sôn am fywyd
gwyllt: 57 hwyaden wyllt, 31 corhwyaden, dwy hwyaden lygad aur, dau las y dorlan, tri
gïach, pedwar cyffylog, ac yn well na dim dau ddyfrgi yn chwarae wrth ymyl y dorlan.
Roeddwn i'n eu gwylio am bron i bum munud cyn iddyn nhw ddiflannu i gwlwm o
hen wreiddiau o dan dderwen fawr. Chymeron nhw ddim sylw ohona i o gwbl, ond fel
sy'n digwydd bron bob tro y bydda i'n gweld pethau fel hyn, roedd y camera ganllath i
ffwrdd yn y car.

Ac os ga i ychwanegu at restr faith y bywyd gwyllt, dim un morlo!

## MAWRTH 12

Mae'r wythnos wedi hedfan, ond mae wedi bod yn wythnos o waith cofiadwy iawn.
Ddydd Llun, mi fues mewn ogof ym Mannau Brycheiniog gyda chriw o ogofwyr a
dyn camera profiadol iawn. Mi fues i'n gweithio gyda'r un tîm y llynedd ar gyfer cyfres
deledu i S4C, ond roedd hon yn daith anoddach nag unrhyw un dwi erioed wedi bod
arni o'r blaen.

Darren Ciliau yw enw'r ogof, ac mae'n ymestyn am filltiroedd lawer o dan Fynydd
Llangatwg i ochr arall y mynydd yng Nghwm Clydach. Cyrhaeddais y safle am hanner
awr wedi wyth y bore, ond erbyn inni wisgo'r offer arbenigol i gyd a phacio popeth
oedd ei angen, roedd hi wedi troi un ar ddeg o'r gloch a minnau'n dal ar yr wyneb.
Petaswn i'n gwybod bod pedair awr o daith yno, pedair awr a hanner o waith
ffilmio a phedair awr arall o daith yn ôl, dwi ddim yn sicr y buaswn wedi cychwyn y
daith o gwbl!

A dweud y gwir, y canllath cyntaf oedd y gwaethaf. Roedd mor gyfyng nes bod
yn rhaid imi lusgo fy hun ar fy ochr ar y llawr gan ddefnyddio'm bysedd a'm traed yn
unig. Erbyn i'r ogof ledu rhyw ychydig roeddwn i'n chwysu chwartiau, ac wrth imi fynd
ymhellach, roeddwn yn gwybod y byddai'n rhaid dychwelyd trwy'r twnnel cyfyng i
ddianc i'r awyr agored. Er mwyn cyrraedd y siambrau lle'r oedd angen imi ffilmio,
roedd gofyn dringo, cropian, cerdded, hongian oddi ar raffau, a hyn i gyd gyda phac ar
fy nghefn.

O'r diwedd, dyma gyrraedd y siambrau a'r siapiau rhyfeddol a oedd wedi'u ffurfio
gan fwynau yn gwthio drwy'r graig. Roedd gan y siambrau enwau Saesneg difyr –
*antler chamber* ac *urchin oxbow* – enwau a oedd yn disgrifio rhai o'r siapiau'n berffaith.

Erbyn inni orffen ffilmio, roedd hi bron yn wyth o'r gloch a minnau ddim yn sicr a allwn gyflawni'r daith hir yn ôl, ond ar ôl llymaid o ddŵr a llond ceg o siocled, daeth yr egni o rywle i wthio ein ffordd yn ôl ar hyd dros ddwy filltir o dwneli i'r awyr agored unwaith eto. Dwi erioed wedi bod mor falch o weld y sêr uwchben, a waeth imi gyfaddef fy mod wedi cusanu'r gwair y tu allan yn union fel y Pab pan fydd yn glanio mewn gwlad newydd!

Cyrhaeddais y gwesty yng Nghasnewydd am un o'r gloch y bore, a druan o'r ferch ifanc wrth y ddesg achos dyna lle'r oeddwn yn gofyn am ystafell yn fwd o 'mhen i 'nhraed; ond roedd gorwedd mewn bath poeth ar ôl diwrnod mor hir yn un o brofiadau gorau fy mywyd.

Diolch byth, doeddwn i ddim yn mynd yn agos at unrhyw ogof ddydd Mawrth, ond yn y prynhawn cefais y fraint o ymweld â Gwarchodfa Natur Genedlaethol Creigiau Stanner yn nwyrain Sir Faesyfed. Yma mae creigiau hynaf Cymru – 700 miliwn o flynyddoedd oed – a phan gawsant eu ffurfio, roedd Cymru yn agos i leoliad De Affrica heddiw.

Mynd yno i ffilmio planhigyn, nid y creigiau, oeddwn i y tro yma – planhigyn go arbennig. Trwy Brydain, dim ond yn y lleoliad bychan yma mae'r Lili Faesyfed yn tyfu. Planhigyn ardal Môr y Canoldir ydi o mewn gwirionedd, ond bod poblogaeth fechan wedi goroesi ar greigiau Stanner. Yn fwy na gweld y planhigyn am y tro cyntaf erioed, cefais y fraint o'i weld yn blodeuo. Doedd dim un blodyn wedi ei weld ers dros ddwy flynedd, felly roedd hi'n ymweliad amserol, yn enwedig gan fod y blodyn bach melyn yn un mor hardd.

Yn syth ar ôl inni orffen ffilmio, roedd dwy hen ddynes o ganolbarth Lloegr yn aros i weld y blodyn, a dau ddyn o dde Cymru ar eu holau wedyn. Yn ôl y warden, ei swydd am y bythefnos nesaf fyddai dangos y planhigion i fotanegwyr o bob cwr o Brydain. Braf gweld bod cymaint o ddiddordeb mewn planhigyn Cymreig.

Yn gynnar fore Mercher, roeddwn i'n teithio i Borth Meudwy ger Aberdaron i ddal cwch i Ynys Enlli. Yn ffodus, roedd y tywydd braf yn parhau a'r môr yn ddigon llonydd inni deithio ar draws y swnt gyda Colin Evans, pysgotwr a llongwr lleol sy'n nabod yr ardal a'i hanes yn dda. Difyr oedd cael ei farn ar yr ynys a'r gwaith sy'n cael ei wneud yno i geisio priodi anghenion y bobl a'r bywyd gwyllt. Fel y dywedodd, mae Enlli yn wahanol iawn i ynysoedd eraill Cymru gan fod pobl wedi ffermio'r tir erioed ac yn dal i wneud hynny heddiw. Yn wir, mae hanes dyn ar yr ynys yr un mor bwysig â'r byd natur.

Ar Enlli ei hun, roedd y brain coesgoch yn swnllyd iawn wrth iddyn nhw baru a sefydlu tiriogaethau, a braf oedd gweld haid yn bwydo ymysg y gwymon ar draeth tywodlyd – ymddygiad prin iawn gan y rhywogaeth yma, ond un sy'n nodweddiadol o Enlli. Yn anffodus, doedd dim un aderyn mudol fel tinwen y garn neu gwennol y glennydd wedi cyrraedd yr ynys eto, ond a'r tywydd braf yn parhau, mater o amser fyddai hi dwi'n siŵr.

Noson dda o gwsg mewn gwesty ar gyrion Bangor ac yna ymlaen i Benygwryd ar odre'r Wyddfa i gwrdd â Hywel Roberts. Yn ystod yr wythnosau diwethaf, dwi wedi cael fy meirniadu am ladd ar Gyngor Cefn Gwlad Cymru a'r hyn dw i'n ei weld fel diffyg gallu i warchod ein cefn gwlad yn iawn. Mi fydda i'n pwysleisio bob tro, fodd bynnag, fod unigolion arbennig iawn yn gweithio i'r Cyngor, ac mae Hywel yn un o'r goreuon. Mae'n enedigol o Lanidloes yn y Canolbarth, ac erbyn heddiw mae'n warden ar yr Wyddfa a Chwm Idwal, ac yn llais cyfarwydd ar y radio a'r teledu yn Gymraeg a Saesneg. Mae ei frwdfrydedd a'i wybodaeth am fywyd gwyllt yr ucheldir yn ddiddiwedd, a braf oedd cael ei gwmni i ffilmio'r unig flodyn Arctig Alpaidd sy'n blodeuo yn y gaeaf, y tormaen porffor.

Anelu at Fwlch y Moch oedden ni, a'r haul yn tywynnu ar ein cefnau. Wedi cyrraedd y llethrau serth, daethom wyneb yn wyneb â môr o flodau piws. Er bod lili'r Wyddfa yn llawer mwy adnabyddus, fy hoff blanhigyn Arctig Alpaidd yw'r tormaen porffor. Mae pob un arall, fel y tormaen serennog neu'r tormaen siobynnog, yn blodeuo yn niwedd y gwanwyn a dechrau'r haf, ond hwn yw'r unig un sy'n dod â lliw i'r llethrau ar adeg lwydaidd o'r flwyddyn, hyd yn oed pan fo trwch o eira'n cuddio'r wlad.

Ar ddiwedd wythnos flinedig, fendigedig, roedd gofyn teithio i ardal Talgarth i ddaeargell castell Bronllys i ffilmio ystlumod pedol lleiaf. Gan fod waliau trwchus y castell yn cadw'r tymheredd yn gyson, mae'n safle perffaith i'r ystlumod aeafgysgu, ac yn syth ar ôl cerdded i lawr y grisiau serth, gwelais hanner dwsin o becynnau bach brown yn hongian o'r nenfwd.

Dwi'n meddwl bod ystlumod yn greaduriaid diddorol tu hwnt a'u bod wedi cael enw drwg dros y blynyddoedd, er gwaetha'r ffaith nad ydynt yn achosi unrhyw ddifrod. Yn wir, gall hyd yn oed yr ystlum lleiaf fwyta hyd at dair mil o wybed bach bob nos – rheswm da i'w ddiogelu yn fy marn i. Yn fwy na hynny, dylai pob un ohonom fod yn falch fod Cymru yn wlad bwysig iawn i sawl gwahanol fath o ystlum, yn enwedig yr ystlum pedol lleiaf.

● ● ● ● ● ● ● ● ● ● ● ● ● ● ● ● ● ● ● ● ● ● ● ● ● ● ● ● ● ● ● ● ● ● ● ● ● ● ● ● ● ● ● ● ● ● ● ●

## MAWRTH 13

Y tymor rygbi diflas yn parhau a Chymru'n cael cweir gan Iwerddon. Dim calon, dim asgwrn cefn, dim dychymyg a dim pêl o'r llinellau, beth ar y ddaear sydd wedi mynd o'i le? Wn i ddim, ond dyma'r tymor gwaethaf i'r tîm cenedlaethol ers peth amser. Does dim ots gen i eu gweld yn colli, ond y diffyg ymdrech a'r chwarae anobeithiol sy'n torri calon rhywun. Yr unig gysur yw fod tîm Lloegr yr un mor wael ac yn llawer llai diddorol i'w gwylio. Petai dewis rhwng gwylio Lloegr neu wylio rhiwbob yn tyfu, y rhiwbob fase'n ennill bob tro...

● ● ● ● ● ● ● ● ● ● ● ● ● ● ● ● ● ● ● ● ● ● ● ● ● ● ● ● ● ● ● ● ● ● ● ● ● ● ● ● ● ● ● ● ● ● ● ●

## MAWRTH 17

Mae cario camera i ffilmio bywyd gwyllt yn union fel cario gwn i saethu pïod. Gallwch gerdded drwy ganol haid o bïod heb wn, ond ewch am dro â gwn o dan eich braich, ac ni ddaw'r un bioden o fewn milltir i chi. Brynhawn ddoe, roedden ni'n ceisio ffilmio jac-y-do yn adeiladu nyth mewn corn simdde ger Aberdâr, ac ar ôl gwylio'r pâr wrthi am dros hanner awr, dyma benderfynu mynd i nôl y camera ac offer sain. Yn syth ar ôl inni ddychwelyd, diflannodd yr adar, ac ni ddaeth un ar ein cyfyl am weddill y diwrnod. Daeth cwpl lleol allan o'u tŷ i roi ychydig o gyngor ar y llefydd gorau i sefyll, ond doedd yr adar ddim am chwarae'n deg.

Dywedodd y cwpl fod pâr yn nythu yn eu simdde, a bod yr adar yn eistedd ar y corn i gynhesu pan fydd y gwres canolog ynghynn. Does dim dwywaith eu bod yn adar clyfar ac yn rhai cyffrous hefyd, yn enwedig gan nad oedden nhw'n gadael i ni eu ffilmio.

Teithiais adref heddiw drwy Henffordd, a sylwais ar wrych a oedd wedi cael ei blygu'n gelfydd. Dwi wrth fy modd pan welaf wrych wedi'i blygu'n dda, ac yn sicr mae'r hen grefft yn ffynnu yn y Canolbarth ac ar hyd y Gororau. Yn fy marn i, does fawr ddim yn waeth na gweld gwrych wedi cael ei dorri â pheiriant, a'r brigau wedi cael eu malu'n rhacs. Llawer gwell fyddai gweld ein perthi i gyd wedi cael eu plygu, ond wrth gwrs byddai hynny'n ddrutach ac yn arafach o lawer na thalu am dractor am ddiwrnod.

## MAWRTH 19

Dwi newydd orffen dau ddiwrnod o ffilmio ar gyfer cyfres newydd o'r rhaglen *Bro* i S4C. Tro'r Bala oedd hi yr wythnos yma, a rhaid dweud bod cael cwmni'r gantores a'r actores Shân Cothi yn bleser pur. Dwi ddim yn nabod neb sydd mor garedig â Shân, ac mae ei brwdfrydedd a'i hwyl yn effeithio ar y criw i gyd. Mae hi'n wych gyda phobl ac yn chwerthin nerth ei phen ar bob achlysur, yn enwedig pan aethon ni'n dau i lawr afon Tryweryn mewn dingi. Cawsom ein taflu o un rhaeadr i'r nesaf, a'r cwbl dwi'n ei gofio yw llais Shân yn chwerthin ac yn sgrechian am yn ail yn fy nghlustiau.

Mae cymaint o gymeriadau lliwgar mewn ardal wledig Gymreig a Chymraeg ei hiaith fel y Bala, mae'n anodd penderfynu pwy i'w gynnwys a phwy i'w hepgor mewn rhaglen hanner awr, ond dwi'n gobeithio inni wneud cyfiawnder â'r lle.

Yn y prynhawn, cyrhaeddodd y glaw cyntaf ers misoedd, ac erbyn iddi nosi roedd llyffantod dafadennog ar hyd y ffordd fach gul sy'n rhedeg heibio i'r tŷ. Maen nhw wedi treulio'r gaeaf o dan bentwr o ddail a boncyffion yn y perthi a'r coed, ond rŵan, gan fod y tywydd yn fwyn a'r noson yn wlyb, maen nhw'n gwneud eu ffordd i bwll yr ardd drws nesaf. Mi fydda i'n mynd â'r bechgyn i gario'r llyffantod o'r ffordd er mwyn eu rhyddhau yn y pwll, gan fod dwsinau yn cael eu lladd gan gerbydau bob gwanwyn.

Mae Dewi a Tomos wrth eu boddau ac yn edrych ymlaen yn eiddgar at dymor y llyffantod bob blwyddyn, ac er inni ddal dros ddwsin heno i'w rhyddhau, roedd o leiaf bump wedi cael eu lladd yn barod. Mae'n siŵr y bydda i'n cael fy nhynnu o'r gadair gyffordus yn y lolfa i fynd allan i achub mwy o'r creaduriaid yn ystod y diwrnodau nesaf.

• • • • • • • • • • • • • • • • • • • • • • • • • • • • • • • • • • • • • • • • • • • • • • • • • • • • • •

## MAWRTH 21

Mi fues i o amgylch y perthi y tu ôl i'r tŷ y bore 'ma i edrych yn y blychau nythu, ac roedd nythod wedi cael eu hadeiladu ym mhob un bron. Titŵod oedden nhw'n bennaf, a dau nyth adar y to; ac er bod rhai ohonynt yn nythod digon swmpus, bydd mis eto cyn i'r titŵod greu cwpan o blu yn y mwsogl a dodwy wyau. Mae blwch robin goch yn y berth o flaen y tŷ, ond does dim arwydd fod y pâr am nythu ynddo. Rai blynyddoedd yn ôl, nythodd pâr mewn hen degell yr oeddwn i wedi ei osod ym môn coeden fythwyrdd fechan, ac mae'r robin yn enwog am ddewis llefydd digon od i guddio ei nyth.

Y llynedd, darganfyddais nyth robin mewn arwydd bost ar ochr y ffordd fawr, a rhyw bedair blynedd yn ôl, nythodd y pâr lleol mewn poced côt yn y garej drws nesaf. Cofiwch, mae dod o hyd i'w nythod yn gallu bod yn anodd, a dwi'n cofio gwylio un yn cario mwsogl yn ei big, a minnau'n meddwl 'mod i ar fin dod o hyd i nyth arall. Yn anffodus, gwelodd y robin fi'n ei wylio a gollyngodd y mwsogl yn syth, ac aeth o gwmpas ei bethau yn union fel petasai'n aderyn sengl nad oedd unrhyw ddiddordeb o gwbl ganddo mewn adeiladu nyth.

Tan yn ddiweddar, mae'r penwythnosau wedi bod yn gyfle i grwydro lonydd bach yr ardal ac ymweld â rhai o'r gwarchodfeydd lleol. Yn ddiweddar, fodd bynnag, dwi wedi troi i fod yn yrrwr tacsi i'r meibion eto gan fod y ddau yn chwarae pêl-droed a rygbi i dimau lleol. Mae'n golygu nad oes fawr o amser rhydd ar y penwythnosau bellach, ond dwi wrth fy modd yn gwylio'r bechgyn yn mwynhau, a dim ond nawr dwi'n gwerthfawrogi cymaint o amser roddodd Dad i ni pan oedden ni'n tyfu. Mi fyddai'n dod i'n casglu ni o bobman ar ôl gêmau o rygbi a phêl-droed heb gwyno o gwbl, a doedd dim yn well ganddo na dod i'n gweld yn chwarae.

Roedd fy nhad hefyd yn ddilynwr brwd i dîm rygbi Cymru, a'r unig adeg y'i clywais yn rhegi oedd ar brynhawn Sadwrn pan oedd Cymru'n chwarae. Codai gymaint o gywilydd ar Mam, nes y byddai hi'n gadael y tŷ ac yn diflannu am ychydig oriau; ond yn yr 1970au, doedd dim angen poeni'n ormodol gan mai prin iawn fyddai Cymru'n colli. Diolch byth, fe gurodd y tîm cenedlaethol yr Eidal yn hawdd ddoe, ond siomedig iawn fuon nhw yn ystod Pencampwriaeth y Chwe Gwlad eleni. Fyddai Dad ddim yn hapus petai'n fyw, a byddai'r awyr wedi bod yn las o flaen y teledu eleni.

• • • • • • • • • • • • • • • • • • • • • • • • • • • • • • • • • • • • • • • • • • • • • • • • • • • • • •

## MAWRTH 23

Tro Llanbedr Pont Steffan oedd hi i groesawu tîm y gyfres *Bro* i'r dref, ac am groeso. Cefais ymarfer am ychydig gyda thîm rygbi'r dref, ac roedd hynny'n ddigon i'm hatgoffa pam dwi wedi ymddeol ers tair blynedd. Wedyn cafodd Shân Cothi a minnau'r fraint o deithio drwy'r dref ar goets Gwyn a Daniel Williams. Roeddwn i'n teimlo fel un o'r teulu brenhinol yn fy siwt a thop hat yn cyfarch pobl y dre', a phedwar ceffyl du, hardd dros ben, yn tynnu'r goets.

Dychmygwch y ddau ohonom, yn smart ar y naw, a sŵn carnau'r ceffylau yn atseinio ar hyd y strydoedd cul. Chwarae teg i'r heddlu lleol hefyd, daeth tri ohonyn nhw i ddal y lorïau mawr yn ôl er mwyn i'r ceffylau gael chwarae teg. Roedd yn brofiad a fydd yn aros yn fyw yn y cof am amser maith, ac roedd Shân, yn ferch ceffylau, wrth ei bodd.

Gyda'r hwyr, es i gwrdd â bachgen ifanc o'r enw Gareth Richards sydd wedi codi cegin ac ystafell fwyta mewn hen sièd ger tŷ ei dad er mwyn cynnal dosbarthiadau coginio a threfnu blodau i wahanol grwpiau. Buom yn ei ffilmio'n coginio i grŵp o ferched lleol, a rhaid dweud ei fod yn ddiddanwr gwych, a'r merched yn sgrechian chwerthin wrth i Shân a minnau geisio ei helpu i baratoi pwdin. Er bod Shân wedi bod o gymorth i Gareth, mae arna i ofn 'mod i'n fwy o fwytäwr nag o gogydd.

## MAWRTH 25

Mae hon yn prysur droi'n wythnos i'w chofio. Fore ddoe, am y tro cyntaf mewn chwarter canrif, roeddwn yn gwylio gwiwer goch yng nghanolbarth Cymru. Roedd Steve, y dyn camera, a minnau wedi bod mewn cuddfan yn y goedwig fythwyrdd ger Cwrtycadno ers saith o'r gloch y bore; ac am hanner awr wedi wyth, daeth y wiwer ddelaf a welsoch erioed i fwyta a chladdu rhai o'r cnau yr oeddem wedi eu gosod ar ei chyfer. Roedd hi fel tegan fach yn gwibio yma ac acw i guddio'r cnau o dan hen foncyff neu wrth domen o fwsogl, cyn aros i fwydo am ychydig eiliadau ac yna parhau â'i gwaith.

Dim ond wrth weld gwiwer goch yn agos unwaith eto mae rhywun yn sylweddoli pa mor hardd ydyn nhw, a pha mor hyll yw'r wiwer lwyd estron sydd bron â chymryd drosodd yn gyfan gwbl. Rhaid cyfaddef y buaswn i'n hollol fodlon saethu pob gwiwer lwyd yn y wlad petai'n bosibl er mwyn gweld y wiwer goch yn dod yn ôl i'w hen gynefin. Er bod cryn dipyn o waith ymchwil yn cael ei gyflawni i weld a ellir difa'r wiwer lwyd, am y tro – dim ond mewn ambell i ardal fel Cwrtycadno, Clocaenog ac Ynys Môn – mae'r un goch yn goroesi, a go brin y bydd hi'n lledaenu drwy'r wlad yn y dyfodol agos.

Yn gynharach heddiw, mi fues i'n ffilmio mewn coedlan o'r enw Coed y Bwl yn ymyl pentref Ewenni ger Pen-y-bont ar Ogwr. Mynd yno i gael lluniau o gennin Pedr cynhenid oeddwn i, ond doeddwn i ddim wedi breuddwydio y buaswn yn gweld y fath sioe. Roedd llawr y goedwig wedi ei orchuddio â'r blodau melyn byrgoes; a dywedodd Richard, y warden gwirfoddol, nad oedd wedi gweld nifer ohonynt yn blodeuo ers degawdau.

Maen nhw'n blanhigion byr o'u cymharu â'r cennin Pedr anferth sy'n cael eu plannu mewn gerddi a chloddiau, a hynny oherwydd eu bod yn addasu i'r gwyntoedd cryfion a'r glaw trwm rydan ni'n eu profi'n gyson yng Nghymru. Os sylwch ar y blodau yn yr ardd yn dilyn storm fawr, bydd sawl un wedi torri yn y gwynt gan fod y goes yn rhy hir. Un o'r cwestiynau mawr hynny na alla i fyth gael ateb iddo yw pam fod y cynghorau lleol ac unigolion yn plannu cennin Pedr estron pan mae'r un cynhenid yn ddelach ac yn fwy addas oherwydd yr hinsawdd? Erstalwm, roedden nhw'n gyffredin iawn, a byddai trenau arbennig wedi eu llenwi â'r blodau, y 'Daffodil Express', yn stemio draw i Lundain erbyn marchnadoedd y boreau.

Wrth gerdded drwy'r coed, gwelais wenynen gynta'r gwanwyn – brenhines y cacwn tingoch – wedi deffro o'i thrwmgwsg ac yn hel neithdar o'r blodau, a chlywais o leiaf bedwar siff-siaff yn galw o gopaon y coed ynn. Roedd yr adar yma, mae'n siŵr, newydd gyrraedd yn ôl o'r Affrig yng nghanol y gwyntoedd deheuol cynnes sydd wedi bod yn chwythu dros y wlad yn ystod y diwrnodau diwethaf.

• • • • • • • • • • • • • • • • • • • • • • • • • • • • • • • • • • • • • • • • • • • • • • • • • • • • •

## MAWRTH 26

Nid yn aml y bydda i'n mentro i Lundain y dyddiau yma, ond heddiw roedd yn rhaid imi fynd i adeilad llysgenhadaeth yr Unol Daleithiau i nôl fisa, gan fy mod am fynd yno i weithio yn ddiweddarach yn y flwyddyn. Sôn am strach. Roedd yr adeilad wedi ei amgylchynu gan heddlu arfog, ffensys tal a phob math o declynnau electronig, a bu'n rhaid imi ddangos fy mhapurau deirgwaith cyn cyrraedd y cyfweliad cyntaf. Ond doedd pethau ddim ar ben ar ôl hynny chwaith. Bu'n rhaid imi eistedd ar fy mhen ôl am ddwy awr a hanner cyn cael ail gyfweliad a oedd yn ddau funud o hyd. Y cwbl er mwyn cael un fisa.

Nid oes un wlad wedi corddi'r dyfroedd yn ystod y degawdau diwethaf i'r un graddfau â'r Unol Daleithiau, a dyma'r canlyniad. Mae'n rhaid troi pob llysgenhadaeth a phob adeilad swyddogol yn gaer. Y siom fawr i mi yw ein bod ni wedi eu dilyn fel rhyw gi bach ffyddlon, ac mae'n siŵr fod llysgenadaethau Prydain ledled y byd hefyd yn cael eu hamddiffyn i'r eithaf rhag terfysgaeth. Arwydd trist o'r oes yr ydym yn byw ynddi.

• • • • • • • • • • • • • • • • • • • • • • • • • • • • • • • • • • • • • • • • • • • • • • • • • • • • •

## MAWRTH 31

O'r diwedd, mae dail wedi dechrau ymddangos ar hyd y cloddiau yma yn y
Canolbarth. Mi fues i yn Sir Benfro ddydd Sul, a hyd yn oed yn y fan honno, dim
ond newydd ddechrau dod i'r golwg yr oedd dail y drain gwynion a'r gwyddfid sy'n
rhwymo'i hun o amgylch brigau llwyni eraill. Y bore 'ma, gwelais fod y cennin Pedr
mae rhywun wedi eu plannu ar hyd y cloddiau yn y pentref yn dechrau blodeuo, bron
fis yn hwyr, a nawr mae blodau'r lili wen fach a'r saffrwm yn dechrau gwywo. Does
dim un aderyn wedi dechrau nythu ar hyd y ffordd fach gefn sy'n pasio'r tŷ, a heblaw
am ambell gigfran, crëyr glas ac ydfran, dwi ddim wedi gweld nyth o gwbl hyd yn hyn.

Ddoe ac echdoe, mi fues i'n ffilmio yn ardal Rhuthun ar gyfer y gyfres *Bro*, a
heddiw dwi'n dioddef braidd ar ôl ymuno â dosbarth ymarfer corff yn neuadd Llanfair
Dyffryn Clwyd neithiwr. Mi fydda i'n chwarae awr o bêl-droed pump bob ochr heno,
ac er bod lefel fy ffitrwydd yn dda dwi ddim yn heini iawn. Wedi chwarae rygbi am
dros 30 mlynedd, ac wedi torri braich, fy nhrwyn a 'nghefn, nid yw *lunges* a *squats*
mor hawdd ag yr oedden nhw pan oeddwn i'n ddeunaw oed!

Yn anffodus, mae'r mis yn dod i ben ar nodyn trist iawn i mi'n bersonol, ac i fyd
cadwraeth ac addysg yng Nghymru. Yn hwyr neithiwr, cefais alwad ffôn gan ffrind
agos i ddweud bod y daearegwr a'r darlithydd Geraint George wedi marw, ac yntau'n
ddim ond 49 oed. Roedd Geraint yn llais cyson ar Radio Cymru, ac yn gyfrannwr
doeth i'r rhaglen *Galwad Cynnar* ar fore Sadwrn. Er ei fod yn ddeallus tu hwnt, roedd
y ddawn ganddo i gyfathrebu â'r cyhoedd; a gallai ddisgrifio unrhyw beth yn amrywio
o ddeinosoriaid i'r ffordd y cafodd Cymru ei ffurfio, a'r newyddion diweddaraf am
dîm pêl-droed Abertawe.

Cefais y fraint o'i gwmni sawl gwaith, ac yn wahanol i nifer o arbenigwyr, roedd yn
berson chwareus a chynnes. Wna i byth anghofio darlledu'n fyw gyda Geraint a chriw
*Galwad Cynnar* o gopa Bwlch yr Oernant y llynedd, a minnau'n poeni y buasai Dewi,
fy mab hynaf, yn syrffedu ar griw o naturiaethwyr canol oed yn parablu am awr a
hanner. Doedd dim rhaid imi boeni achos dyna lle'r oedd Dewi a Geraint yn siarad
am bêl-droed a rygbi am dros hanner awr. Yn wir, cymaint oedd ei frwdfrydedd at y
pwnc, bu bron i Geraint golli ei gyfle i gyfrannu i'r rhaglen.

Mae'r amgylchedd wedi colli llais cryf i eiriol drosto, Cymru wedi colli darlledwr
deallus, a'r teulu wedi colli gŵr a thad cariadus.

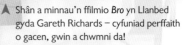

▲ Shân a minnau'n ffilmio *Bro* yn Llanbed gyda Gareth Richards – cyfuniad perffaith o gacen, gwin a chwmni da!

◄ Shân a fi'n mwynhau'r awyr iach yn Y Bala gyda *Bro*.

◄ Barod i deithio ar y goets fawr yn Llanbed.

▼ Ar ein ffordd!

➤ Y tormaen porffor, blodyn yr ucheldir.

➤ Lili Faesyfed – un o flodau prinnaf Cymru.

➤ Cinio ar ôl teithio am bedair awr o dan y ddaear.

➤ Cerflun anhygoel wedi ei greu gan yr elfennau tanddaearol.

◀ Yr Wyddfa wedi'i gwisgo yn ei chlogyn gwyn.

◀ Yr Wyddfa a'i hadlewyrchiad yn Llyn Mymbyr.

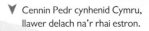

▼ Cennin Pedr cynhenid Cymru, llawer delach na'r rhai estron.

MAWRTH

# Ebrill

Gorllewin Gwyllt y Navajo: bwa a saeth, ffermio a marchogaeth

## Ebrill 23

Dwi'n ysgrifennu hwn ym maes awyr Phoenix yn Arizona ar ôl hedfan o Heathrow yn gynharach y prynhawn 'ma. Mae'n saith o'r gloch yr hwyr yn Phoenix, sef tri o'r gloch y bore gartre', a dwi bron â marw eisiau cyrraedd y gwesty i gael noson dda o gwsg. Wedi dweud hynny, mae'r daith i gyd wedi bod yn hwylus iawn hyd yn hyn, a dwi hyd yn oed wedi cael croeso gan swyddogion *customs* y maes awyr. Tydi hynny ddim yn digwydd yn aml yn America!

Mae'r criw a minnau yma i ffilmio cyfres am y llwythau brodorol i S4C, gan ddechrau gyda'r Navajo yng ngogledd Arizona. Fory, y bwriad yw codi'n gynnar a theithio i dref Window Rock i gwrdd â rhai o swyddogion y Navajo, ac yna treulio wyth diwrnod ymysg y bobl. Dwi'n edrych ymlaen yn fawr at yr holl brofiad, yn enwedig gan fod gen i ddiddordeb mawr yn yr Americanwyr brodorol ers pan oeddwn yn fachgen bach yn chwarae 'cowbois ac indiaid'. Indiad oeddwn i'n dymuno'i fod bob tro.

Ddoe, cefais ddiwrnod digon dymunol yn yr haul, yn mynd â'r cŵn am dro ac yn casglu'r bechgyn o'r ysgol. Wrth inni gerdded drwy barc y Drenewydd, daethom o hyd i ddau nyth aderyn du, nyth bronfraith, dau nyth ysguthan a nyth robin goch wedi ei guddio mewn eiddew yn tyfu ar wal swyddfeydd y cyngor. Mae'r robin yn un arbennig am guddio ei nyth, ond gwelodd Tomos y fam yn sleifio'n ôl i'r nyth i eistedd ar ei hwyau. Mae'r parc yn lle gwych i ddod o hyd i nythod, ac mi fydda i a'r bechgyn yn cerdded y perthi'n ofalus bob gwanwyn i chwilio amdanynt.

Yn ogystal â'r adar, mae hefyd yn lle da i weld gwiwerod llwyd, ac yn anffodus bydd llawer o'r nythod mwyaf amlwg yn cael eu llarpio gan yr anifeiliaid yma bob blwyddyn. Petaswn i'n cael fy ffordd, buaswn i'n dod â'r cŵn i'r parc bob dydd i erlid y gwiwerod, ond dwi ddim yn meddwl y byddai hynny'n plesio'r awdurdodau!

## Ebrill 25

Ddoe teithiais innau a'r criw o Phoenix, trwy Flagstaff ac ymlaen i Window Rock mewn cerbyd coch anferth. Roedd rhaid cael cerbyd a oedd yn dipyn o faint gan fod cymaint o fagiau gennym, a oedd yn cynnwys camera, gwahanol lensys yn ogystal â'n bagiau personol. Roedd y diwrnod ar hyd y daith yn drawiadol ac yn amrywio o anialwch sych i goedwig binwydd a cheunentydd dwfn. Doedd fawr ddim o adar i'w gweld wrth ochr y briffordd, ond gwelais sawl bwncath cynffon goch a dau fwltur du yn ogystal ag un eryr aur yn cylchu uwchben clogwyni serth.

Wedi cyrraedd Window Rock, doedd dim ond digon o amser i ddadlwytho'r bagiau yn y gwesty cyn mentro allan eto i gwrdd â meddyg traddodiadol, neu *medicine man* y Navajo. Kenneth Begay oedd ei enw, ac roedd am ddangos imi un o'i seremonïau arbennig i ddiolch i'r ddaear am adael iddo gynaeafu ychydig o berlysiau gwyllt. Esboniodd fod y Navajo, neu'r Diné fel maen nhw'n galw eu hunain, yn diolch i'r ddaear bob tro y cymerant rywbeth o'r gwyllt – boed yn anifail, planhigyn neu garreg. Mae'r parch maen nhw'n ei ddangos at y byd o'u cwmpas yn anhygoel, ac yn sicr gallem ddysgu llawer ganddynt.

Yn ôl Kenneth, mae'r Americanwyr brodorol yn credu mai'r ddaear yw eu mam a'i bod yn cymryd gofal o bawb a phopeth, dim ond i chi ddangos parch a diolch iddi. Mae'r gwahanol seremonïau yn ffordd o gadw dyn a'r duwiau, gan gynnwys y fam ddaear, mewn cysylltiad â'i gilydd. Gwaith y meddyg traddodiadol yw creu pont rhwng y ddau yn ogystal â defnyddio perlysiau gwyllt i greu meddyginiaethau naturiol i wella salwch corfforol a meddyliol. Mae'n cymryd degawdau i ddod i adnabod y gwahanol seremonïau a phlanhigion, ac roedd yn fraint cael gwylio Kenneth wrth ei waith mewn tirwedd mor drawiadol.

Y bore 'ma, roeddwn i'n ddigon ffodus i gwrdd â chymeriad arall o fyd y Navajo, ffermwr defaid o'r enw Robert Wauneka. Mae defaid yn anifeiliaid sanctaidd i'r llwyth yma gan eu bod wedi defnyddio pob darn o'r anifail, gan gynnwys y cyrn a'r esgyrn, am ganrifoedd lawer. Roedden nhw'n bwyta'r cig, yr ymennydd a'r perfeddion, ac yn gweu plancedi lliwgar, trwchus o'r gwlân. Yn wir, mae plancedi'r Navajo yn cael eu gwerthu am bres mawr hyd heddiw.

Mi fues i'n helpu Robert i ddal ei ŵyn ac i fwydo'r defaid drwy'r bore, ac roedd yn fy atgoffa o'm harddegau hwyr pan oeddwn yn helpu ar fferm ddefaid yn Llanwddyn. Ers talwm, roedd pob teulu Navajo yn cadw defaid, ond erbyn heddiw dywedodd Robert fod llawer o'r bobl ifanc yn rhy ddiog i barhau â'r gwaith a bod y ffermwyr yn yr ardal bron i gyd yn hen ddynion. Roedd o, fodd bynnag, wrth ei fodd gyda'i waith, a phleserus tu hwnt oedd cael ei gwmni drwy'r bore. Yn wahanol i ffermwyr Cymru, doedd ganddo ddim syniad lle'n union oedd ffin ei dir, a doedd o ddim yn rhy siŵr faint o ddefaid oedd ganddo chwaith. Allwch chi ddychmygu ffermwyr Cymru yn anfon ffurflenni i awdurdodau Ewrop a'r geiriau 'dim syniad' arnynt?

••••••••••••••••••••••••••••••••••••••••••••••••••••••••••••••••••••••••

## Ebrill 27

Dau ddiwrnod bythgofiadwy yng nghwmni dau aelod o Adran Bysgod a Bywyd Gwyllt y Navajo, sef Larry Joe ac Edison Emerson. Navajo yw'r ddau, ac maent yn arbenigwyr ar fywyd gwyllt yr ardal. I ddechrau, roedd y ddau yn ddigon tawedog, ond ar ôl sgwrsio am ychydig a darganfod bod y tri ohonom yn rhannu diddordeb mewn adar ac anifeiliaid, roedd fel treulio diwrnod gyda dau hen ffrind.

Dechreuodd y diwrnod gyda thro mewn coedwig fythwyrdd eang, ac mewn dim o dro roeddem wedi ffilmio adar di-rif; gan gynnwys gwalch y pysgod a oedd yn edrych am fwyd mewn llyn gerllaw, cnocell y coed hardd â'r enw anhygoel *Williamson's sapsucker*, aderyn glas y gorllewin (*western bluebird*) yn odidog yn ei wisg o las, coch a gwyn, a hanner dwsin o dwrcïod gwyllt. Efallai fod rhai ohonoch yn synnu i glywed bod y twrci, aderyn y Nadolig yn aderyn gwyllt, ond mae'n eithaf cyffredin mewn rhai ardaloedd yn yr Unol Daleithiau. Ceiliogod oedd yr adar a welais yn y coed; mae'r ieir i gyd yn gori hyd at bymtheg o wyau yr un ar hyn o bryd ac yn cadw o'r golwg.

Wrth deithio gyda Larry ac Edison o amgylch ardal draddodiadol y Navajo, llifodd y straeon am eu cyndadau a'r frwydr i achub yr iaith a'r traddodiadau. Yn yr 1950au, cafodd plant y Navajo eu gorfodi i fynychu ysgolion preswyl lle'r oeddent yn gorfod siarad Saesneg a dioddef creulondeb erchyll, a hynny ar ôl i'w cyndadau gael eu herlid yn ddidrugaredd gan y dyn gwyn yn y bedwaredd ganrif ar bymtheg. Roedd hanes y plant yn fy atgoffa o straeon Nain am yr adeg pan oedd yn rhaid iddi wisgo darn trwm o raff, y *Welsh Not*, dros ei hysgwydd yng nghornel y dosbarth fel cosb am siarad Cymraeg.

Yn y prynhawn, cefais wireddu breuddwyd drwy gael y cyfle i saethu bwa saeth a oedd wedi ei wneud yn y dull traddodiadol gan Larry. Dychmygwch fachgen bach yn gwylio ffilmiau *western* yn ei gartref yn Llanwddyn yn ysu am gael ymuno âr Indiaid yn erbyn y cowbois; a'r bachgen hwnnw, ddeugain mlynedd yn ddiweddarach, yn cael defnyddio bwa a saeth y Navajo yn y Gorllewin Gwyllt. A'r peth gorau am y profiad oedd imi beidio â siomi fy hun o flaen y bois. Bu bron imi daro'r targed. Gyda'r hwyr, eisteddon ni o gwmpas tân llewyrchus yng nghanol y goedwig tan oriau mân y bore yn sgwrsio am bopeth dan haul nes bod blinder yn ein trechu, ac yn ein gyrru i'n gwelyau cysurus mewn pebyll o dan y sêr. Mi fydda i'n cofio'r diwrnod hwn am amser hir.

· · · · · · · · · · · · · · · · · · · · · · · · · · · · · · · · · · · · · · · · · · · · · · · · · · · · · ·

## Ebrill 30

Bois bach, mae'r Americanwyr yn bwyta prydau mawr. Mae brecwast bach yn y rhan yma o'r byd tua'r un maint â chinio dydd Sul. Dwi erioed wedi gweld cymaint o bobl dros eu pwysau, ac oherwydd eu dibyniaeth ar y car, ni fydd y rhan fwyaf ohonynt yn gwneud unrhyw ymarfer corff o gwbl.

Ceisiais fynd i redeg y bore 'ma, ond bu'n rhaid imi roi'r ffidil yn y to ar ôl dwy filltir gan fod fy ysgyfaint yn llosgi'n arw. Doeddwn i ddim yn deall pam nes i un o'r bois esbonio 'mod i'n rhedeg ar uchder o saith mil o droedfeddi, dros ddwywaith uchder yr Wyddfa, a'i bod yn cymryd llawer o amser i'r corff ddod yn gyfarwydd â'r uchder. Dwi ddim yn meddwl y bydda i'n rhedeg yn yr ardal eto.

Roedd heddiw yn ddiwrnod *Wild West* go iawn gan imi dreulio oriau diddorol dros ben yng nghwmni teulu Navajo yng nghanol y wlad. Yn hwyr y bore, roeddwn i'n dyst i ddau aelod o'r teulu'n lladd dafad mewn ffordd draddodiadol, sef torri ei gwddf, casglu'r gwaed, torri'r cig yn ddarnau a sychu'r cnawd yn yr haul. Doedd o ddim y peth mwyaf cyfforddus i'w wylio, ond o leiaf roedd y ddafad wedi bod yn pori'n braf tan ychydig funudau cyn ei lladd, ac roedd pawb yn eistedd gyda'i gilydd i fwyta'r cig cyn iddi nosi. Gartref, bydd nifer o'n hanifeiliaid yn cael eu cludo mewn lorïau am oriau cyn cyrraedd y lladd-dy, ac mae'n cymryd wythnosau weithiau cyn i'r cig gyrraedd ein byrddau.

Yn y prynhawn, cefais y fraint o farchogaeth ar draws y paith yng nghwmni hanner dwsin o'r Navajo, pob un ohonynt wedi ei eni ar gefn ceffyl. Roeddwn i'n iawn cyn belled â bod y ceffylau yn cadw at drotian, ond petai fy ngheffyl wedi dechrau carlamu, byddai pethau wedi mynd yn draed moch yn fuan iawn. Diolch byth, cyrhaeddais ben y daith yn holliach, a rhaid dweud bod y profiad wedi bod yn un gwych.

Roedd y grŵp yn fy arwain i geunant arbennig o'r enw Canyon de Chelly, safle sanctaidd i'r Navajo gan fod eu cyndeidiau wedi byw yno ers canrifoedd, ac mae sawl un yn dal i fyw ar y safle yn ystod misoedd yr haf. Mae'n geunant anferth, ond yn llai o faint ac yn llai enwog na'r Grand Canyon. Roeddwn i'n cael fy nhywys i ran o'r ceunant lle nad oedd yr un ymwelydd wedi bod o'r blaen. A dweud y gwir, doedd dim un person y tu allan i'r teulu wedi bod yno, felly roedd yn anrhydedd anferthol i gael gwahoddiad i safle a oedd yn golygu cymaint iddynt.

Ar waelod y ceunant, wedi dringo i lawr yr ochrau serth, gwelais hen adeiladau'r Navajo yn dyddio'n ôl rhyw ganrif a hanner, ac adfeilion a oedd tua phedair mil o flynyddoedd oed. Wrth eu hymyl, roedd lluniau dwylo a chylchoedd ar y waliau, ac mae'r arbenigwyr yn dweud bod y rhain ymysg yr arwyddion hynaf o fodolaeth dyn yn yr Unol Daleithiau.

Yn y bedwaredd ganrif ar bymtheg, cafodd y Navajo eu gorfodi i adael eu cartrefi yn y ceunant ar ôl i Kit Carson a chriw o ddynion gwyn saethu eu hanifeiliaid i gyd. Fe'u gorfodwyd i gerdded dros bedwar can milltir i Fort Sumner, ac fe'u cadwyd yno mewn caethiwed am bedair blynedd cyn iddynt ddychwelyd i'w cartrefi gwreiddiol. O'r naw mil o Navajo a ddechreuodd y daith, bu dros ddwy fil farw cyn y diwedd. Er bod y bobl heddiw yn groesawgar ac yn gynnes tu hwnt, mae enw Kit Carson yn cael ei boeri o'u cegau o hyd.

▲ Hen dŷ traddodiadol y Navajo.

▲ Tomos wrth ei fodd gyda neidr ddafad adre yng Nghymru.

◄ Iolo 'John Wayne' Williams ar gefn ei geffyl!

◄ Cael treulio diwrnod yng nghwmni Larry Joe o'r *Navajo Fish and Wildlife Service*.

▲ Tomos a Dewi ar Ynys Sgomer yn haul mis Ebrill.

▲ Fi, Joseph Hill ac Edward Dennis ym Mrynaman yn ffilmio *Bro* yn ystod mis Ebrill. Mi gawson ni hwyl go iawn yn reslo!

▼ Palod yn eistedd ar graig ar Ynys Sgomer yn mwynhau'r gwres.

# Mai

Gwlad y Cherokee: canŵio, *stick-ball* a thaith mewn hofrennydd

## MAI 2

Mae'r ffilmio gyda'r Navajo wedi dod i ben, a dwi'n ysgrifennu hwn wrth deithio o'r Grand Canyon yn ôl i Phoenix er mwyn hedfan i North Carolina i gwrdd â llwyth y Cherokee. Dwi wedi bod yn y Grand Canyon unwaith o'r blaen yn 1985, ond mae'n tynnu'r gwynt o'ch ysgyfaint bob tro y gwelwch olygfa mor anhygoel o hardd. Wedi ei gerfio o'r creigiau gan afon Colorado dros gannoedd o filoedd o flynyddoedd, mae'n fwy na milltir o ddyfnder mewn mannau, ac yn haeddiannol yn un o wyrthiau naturiol mwyaf trawiadol y byd.

Ddoe, mi fues i'n ffilmio un arall o ryfeddodau naturiol yr Unol Daleithiau, sef Monument Valley. Unwaith eto, mae'n safle hynod o hardd, ond roeddwn i yno i ffilmio teulu Navajo a oedd wedi bod yn byw yn y dirwedd anghroesawus yma am gannoedd o flynyddoedd. Wedi cael amser mor ddiddorol gyda'r Navajo yn ardal ceunant Chelly, roeddwn i'n edrych ymlaen yn fawr at glywed hanesion y teulu yma, ond cefais siom aruthrol.

Maen nhw'n gwneud eu bywoliaeth o'r twristiaid sy'n llifo i'r parc yn eu miloedd, naill ai trwy werthu gemwaith neu drwy adrodd eu hanesion am dâl. A dyna'r cwbl a gefais i ganddynt hefyd – rhyw hanesion wedi eu hanelu at dwristiaid yn hytrach na straeon personol am fagwraeth yn y cwm a hynt a helynt eu cyndeidiau. I wneud pethau'n waeth, roedden nhw eisiau dwywaith y swm o arian yr oedden ni wedi cytuno arno, a doedd fawr o groeso yn y cartref. Dwi'n falch o weld eu bod yn elwa ar yr holl dwristiaid, ond dwi'n casáu rhai sy'n cymryd mantais, a gadewais yr ardal â blas chwerw yn fy ngheg.

## MAI 5

Dwi'n mwynhau mynyddoedd y Great Smoky ac ardal y Cherokee yn fawr iawn. Mae'r mynyddoedd sydd wedi eu gorchuddio â choed collddail yn llawn ceirw, twrcïod ac eirth, ac mae'r afonydd yn berwi o frithyll. Mae'n gyferbyniad llwyr ag ardal noeth y Navajo, ac mae'r bobl yn gyfoethocach o dipyn hefyd gan fod casino anferth wedi ei adeiladu yn nhref Cherokee. Dwi'n siŵr fod nifer yn beirniadu'r sawl sy'n mynychu casinos, ond wedi sgwrsio â nifer o'r bobl yma a gweld effaith yr arian ar y gymuned, rhaid canmol y Cherokee am gymryd cam mor ddewr.

Fel yr Americanwyr brodorol i gyd, mae'r Cherokee wedi dioddef yn arw oherwydd y dyn gwyn. Yn 1838, gorfodwyd dros bymtheng mil o lwyth y Cherokee i adael eu cartrefi a theithio dros fil o filltiroedd i Oklahoma. Bu dros bedair mil farw o salwch, newyn a thorcalon; a hyd heddiw, mae'r rhan fwyaf o'r Cherokee yn dal i fyw yn Oklahoma, a dim ond rhyw bymtheng mil sy'n byw yn eu cartref gwreiddiol yn North Carolina. Yn frawychus, dim ond rhyw bedwar cant ohonynt sy'n parhau i siarad yr iaith, ac mae nifer o'r hen draddodiadau eisoes wedi eu colli am byth.

Mae gobaith ar y gorwel, fodd bynnag, diolch i arian y casino. Mae ysgol newydd i blant ifanc wedi ei hadeiladu yn y dref, a'r addysg i gyd yn iaith y Cherokee. Ar hyn o bryd, mae nifer o rieni sydd wedi colli'r iaith yn anfon eu plant i'r ysgol, a'r gobaith yw y bydd mwy o ysgolion cyffelyb yn agor yn y dyfodol agos. O'r diwedd, mae teidiau yn cael siarad Cherokee â'u hwyrion a'u hwyresau unwaith eto. Mae'n drychinebus meddwl bod yr iaith wedi dod o fewn trwch blewyn i ddiflannu am byth, a hynny o fewn dwy genhedlaeth. Mae gwers i ni fel Cymry ei dysgu yma.

Heblaw am y casino, mae'r bobl yn byw ar arian y naw miliwn o dwristiaid sy'n dod i'r ardal yn flynyddol, ac o'r herwydd mae tref Cherokee yn debyg i gymysgedd o Fetws-y-coed a'r Rhyl. Mae'n ardal hyfryd gyda golygfeydd godidog, ond mae pob siop yn gwerthu crysau-T, crochenwaith, bwâu a saethau ac eitemau eraill sydd – medden nhw – wedi'u creu gan y Cherokee. Mae llawer o'r deunydd wedi ei gynhyrchu yn Tsieina a Thaiwan, ond mae'r twristiaid i gyd yn gadael yn hapus a'r Cherokee yn gyfoethocach o dipyn. Da iawn nhw.

## MAI 7

Pen-blwydd fy mam yn 79 oed heddiw – pen-blwydd hapus, Mam! Cefais ddiwrnod bendigedig ddoe yn canŵio ar afon Little Tennessee gyda chriw o haneswyr a naturiaethwyr Cherokee. Yn amlwg, mae'r afon wedi bod yn hollbwysig i'r llwyth ers miloedd o flynyddoedd fel priffordd, amddiffynfa i'w trefi ar y glannau a ffynhonnell fwyd, yn enwedig pysgod. Dros fil o flynyddoedd yn ôl, byddai'r Cherokee yn codi trapiau pysgod drwy osod cerrig ar draws yr afon, gan adael bwlch bach yn y canol lle byddent yn gosod trapiau arbennig wedi eu gwneud o bren ystwyth. Fel hyn, gallent ddal cannoedd o bysgod bob dydd yn yr hydref er mwyn paratoi at y gaeaf llwm. Mae olion rhai o'r trapiau i'w gweld hyd heddiw.

Wrth symud yn hamddenol ar yr afon gwelais amrywiaeth eang o adar, gan gynnwys cnocellau hardd, ambell las y dorlan, gwyddau Canada a nifer fawr o robiniaid America, aderyn sy'n lluosog ym mhob cynefin yn y wlad bron. Cefais gyfle i bysgota gyda phluen hefyd, rhywbeth dwi ddim wedi ei wneud ers dros ugain mlynedd. Roeddwn wedi anghofio pa mor hyfryd yw sefyll ar lan afon yn pysgota'n dawel gan wylio'r creaduriaid gwyllt yn mynd o gwmpas eu pethau. Er gwaetha'r ffaith fod dros 50 o wahanol rywogaethau o bysgod yn yr afon, methais ddal dim, ond mae wedi codi awch arnaf i fynd i bysgota eto pan fydda i gartref.

Roedd heddiw yn ddiwrnod digon difyr hefyd. Treuliais y bore mewn ysgol leol lle nad oes Saesneg yn cael ei siarad, dim ond iaith y Cherokee. Codwyd yr ysgol gydag arian y casino, a'r adeilad yma yw dyfodol iaith, traddodiadau a ffordd o fyw y Cherokee. Petaswn wedi ymweld â'r ardal ddeng mlynedd yn ôl, dwi'n sicr y byddai'r dyfodol wedi bod yn ansicr iawn i'r llwyth; ond gan fod yr ysgol â diddordeb newydd yn yr hen draddodiadau, mae'r dyfodol yn ymddangos yn llawer mwy disglair heddiw.

Pobl mewn oed yw'r rhan fwyaf o'r athrawon, ond mae un bachgen ifanc, Tawodi, yn helpu yno hefyd. Mae o wedi taflu ei hun i ganol diwylliant y Cherokee, gan gynnwys chwarae gêm o'r enw *stick-ball*, a chefais wahoddiad i ymarfer gyda'r tîm ar ôl i'r ysgol orffen am yr wythnos. Pan yrrais draw i'r cae chwarae, roeddwn yn falch o weld fod bron i ugain o fechgyn mawr a bach wedi ymgasglu, a'u bod yn aros amdana i.

Mae'r gêm ei hun fel cymysgedd o rygbi a *lacrosse*, a does fawr ddim o reolau, ac eithrio fod yn rhaid i bawb godi'r bêl fach oddi ar y llawr gyda'u ffyn, nid eu dwylo. Mae'n gêm gorfforol iawn, ac roedd y blynyddoedd o chwarae rygbi yn ddefnyddiol – ond gan fy mod heb chwarae rygbi ers blynyddoedd bellach roedd pob cyhyr yn sgrechian erbyn diwedd y gêm. Gorfodwyd un chwaraewr i adael y cae ar ôl iddo dorri ei goes – roedd yr asgwrn i'w weld trwy'r cnawd ychydig fodfeddi uwchben ei bigwrn chwith. Fel y dywedais, mae'n gêm gorfforol iawn ac fe'i defnyddid yn yr hen ddyddiau i baratoi ar gyfer rhyfela. Mae'n rhaid 'mod i wedi gwneud rhywbeth yn iawn gan fy mod wedi cael gwahoddiad i chwarae i'r tîm yn rhan o ŵyl Cherokee yn y dref yfory. Gobeithio na fydd mwy o anafiadau ac y bydda i'n cael gorffen fy ymweliad â gwlad y Cherokee yn holliach.

## MAI 11

Mae'r cyfnod gyda'r Cherokee yn dod i ben, a dw i'n dal i fod mewn un darn. Ni chafodd neb anaf na nam yn y gêm *stick-ball*, diolch byth, ond mae'r creithiau'n amlwg ar fy nghoesau a 'nghefn o hyd. Roedd yr ŵyl yn ddiddorol iawn, a chrefftwyr yn dangos amryw o weithgareddau gan gynnwys saethu bwa saeth a phiben chwythu neu *blowpipe*. Ers talwm, byddai'r Cherokee yn defnyddio'r ddau arf i hela, ac ar ôl ychydig o ymarfer, gallwn daro'r targed gyda'r ddau.

Ddoe cefais y cyfle i hedfan mewn hofrennydd dros dref Cherokee a'r ardal. O'r awyr, gwelir bod y coed yn ymestyn am filltiroedd lawer fel clogyn mawr gwyrdd. Mae'r goedwig yn llawn anifeiliaid a phlanhigion bwytadwy, a chan fod yr afonydd yn berwi o bysgod mae'n hawdd gweld pam fod nifer o'r Cherokee wedi torri eu calonnau ar ôl cael eu gorfodi i adael. Yn sicr, mi fydda i'n dychwelyd rhyw ddydd gyda'r teulu er mwyn i'r bechgyn gael mwynhau cerdded, canŵio, beicio a dysgu am ddiwylliant y brodorion.

Wrth imi deithio yn y cerbyd i faes awyr Atlanta, mae'r meddwl yn dechrau troi tuag adref a'r teulu. Mi fydda i'n falch o weld pawb ar ôl tair wythnos i ffwrdd, ond bydd y bois yr un mor frwdfrydig i weld pa anrhegion fydd gan Dad ar eu cyfer. Roeddwn wedi meddwl prynu piben chwythu yr un iddynt; ond o nabod Tomos yr ieuengaf, byddai ei frawd wedi colli ei lygad o fewn dim, felly gwell imi chwilio am rywbeth llai peryglus yn y maes awyr.

## MAI 14

Mae tair wythnos oddi cartref yn amser hir, yn enwedig yn y gwanwyn. Pan adewais y wlad ddiwedd Ebrill, roedd y coed yn noeth a dim ond yr adar mudol cynnar oedd wedi cyrraedd yn ôl o'r Affrig. Erbyn heddiw, mae'r gwenoliaid duon yn sgrechian ac yn rasio'i gilydd yn yr awyr uwchben y pentref; a dail gwyrdd, ffres i'w gweld ar y brigau i gyd heblaw am y derw a'r ynn.

Roedd hi mor braf cael diwrnod i ffwrdd o'r gwaith a cherdded drwy'r caeau y tu ôl i'r tŷ gyda'r cŵn. Mae ceiliog gwybedog brith wedi sefydlu tiriogaeth yn y coed uwchben y tŷ, a nifer o geiliogod tingoch yn canu o'r coed talaf. Ar y llaw arall, dim ond un pâr o adar y to sy'n nythu yn y blychau eleni, ac mae dros hanner ohonynt yn wag o'i gymharu â phedwar allan o ugain y llynedd.

Dwi'n amau bod cyfres o dymhorau nythu aflwyddiannus wedi cael tipyn o effaith ar y titŵod, a'r gaeaf caled wedi difa poblogaeth adar y to. Yn ystod y blynyddoedd diwethaf, roedd cymylau ohonynt i'w gweld o amgylch y pentref, ond eleni dim ond llond llaw sy'n nythu o amgylch y tai. Mae gwir angen gwanwyn a haf sych ar yr adar bach, oherwydd gallai tymor aflwyddiannus arall fod yn drychinebus iddynt.

Ar hyd ochrau'r ffyrdd, mae'r blodau llefrith a'r briallu Mair ar eu gorau. Pan oeddwn i'n fachgen bach, roedd briallu Mair yn weddol gyffredin mewn caeau o amgylch y wlad, ond erbyn heddiw maen nhw'n brin ac eithrio ar gyrion ein ffyrdd. Dywed rhai botanegwyr mai planhigion estron wedi'u plannu gan y cynghorau ydynt, yn union fel y cennin Pedr estron sydd mor amlwg ar ddechrau'r gwanwyn. Does dim esgus dros beidio â phlannu planhigion cynhenid, a gallai un weithred seml fel hon wneud cymaint o wahaniaeth i gefn gwlad Cymru.

## MAI 16

Fore ddoe, roedd y rhaglen radio *Galwad Cynnar* yn fyw o warchodfa Dolydd Hafren, dim ond pedair milltir o'm cartref. Braf oedd cael gwahodd naturiaethwyr penigamp fel Duncan Brown, Hywel Roberts, Twm Elias a Kelvin Jones i 'ngwarchodfa leol, ac roedd yn ddiddorol cael gweld y lle trwy eu llygaid nhw. Roedd Gerallt Pennant yno wrth gwrs i gadw trefn ar bawb, yn ogystal ag Ivy Evans, y naturiaethwraig leol o Gefn-coch ger Llanfair Caereinion. Gan fod pedwar o bobl yn nhîm cynhyrchu'r BBC, roedd gofyn i un ar ddeg ohonom wasgu i un guddfan, cadw'n dawel, craffu ar y bywyd gwyllt a darlledu'n fyw am awr gyfan: tipyn o wasgfa ag ystyried maint rhai ohonom!

Chawsom ni mo'n siomi. Roedd ysgyfarnog yn eistedd ar y dorlan gyferbyn drwy gydol y rhaglen; teloriaid yn canu'n gyson o'r llwyni cyfagos; hwyaid, elyrch a gwyddau yn nofio ar afon Hafren, ac ychydig funudau cyn diwedd y rhaglen – cerddodd llwynog hardd drwy gae llawn defaid ac ŵyn. Trwy gydol ein hymweliad, roedd dros hanner dwsin o deloriaid yr hesg yn canu o'r corsydd, a degau o wenoliaid y glennydd yn llenwi eu pigau â phhryfed er mwyn bwydo'u cywion yn ddwfn yn y dorlan.

Mae'r warchodfa'n enwog am ei gwelyau graean, cynefin hollbwysig i ddwsinau o wahanol fathau o bryfed, rhai ohonynt yn brin iawn. Mae hefyd yn safle nythu i adar fel pïod y môr, ac er ein bod yn meddwl amdanynt fel adar y môr, bydd parau hefyd yn nythu ger rhai o'r afonydd. Aderyn arall sy'n rhannu'r un cynefin yw'r cwtiad torchog lleiaf, ymwelydd o'r Affrig yn ystod yr haf sy'n nythu ymysg cerrig mân y graean. Er imi glywed pâr yn galw cyn i'r rhaglen ddechrau, ni ddaeth yr un smic ganddynt pan oeddem yn darlledu.

Mae recordio'r rhaglen *Galwad Cynnar* yn fyw o warchodfeydd o amgylch Cymru yn dod â'r wlad yn fyw i gartrefi, ac mae hynny'n beth gwerthfawr iawn i bobl na allant gerdded yn bell. Dwi wedi cael sawl un yn dod ataf i ddweud eu bod yn mwynhau'r rhaglenni arbennig yma, a rhaid dweud ein bod yn mwynhau eu cynhyrchu hefyd. Dychmygwch gael eich talu i fynd i siarad â ffrindiau yn rhai o warchodfeydd mwyaf godidog y wlad!

······································································

## MAI 20

Aeth Dewi a minnau o amgylch y blychau nythu ddoe, a darganfod bod un o'r titŵod tomos las wedi dodwy deuddeg o wyau. Cofiwch, dair blynedd yn ôl roedd 13 o wyau yn yr un blwch, a dwi'n amau mai'r un fam yw hi achos mae'n gwrthod gadael y nyth ac yn fodlon pigo unrhyw law sy'n dod o fewn cyrraedd.

Yn ogystal â'r nythod yn y blychau, mae sawl nyth arall yn y gwrychoedd o amgylch y tŷ. Yr un mwyaf annisgwyl yw nyth y telor penddu, wedi ei wau o wair bregus ym môn celynen drwchus. Mae'r fam yn eistedd yn isel ar y nyth ac yn edrych yn amheus arnaf bob tro y bydda i'n mynd am dro i'r pentref, ac o fewn tri metr iddi mae nyth aderyn du llawn cywion mawr tew.

Dwi'n gwrthod gadael i'r Cyngor dorri'r clawdd o flaen y tŷ er mwyn i'r trwch o fwtsias y gog, botymau crys a blodau taranau gael llonydd i hadu. Mae hefyd yn baradwys i lygod bach gan fod dau ohonynt yn nythu mewn blychau gwenyn, ac un arall wedi ymgartrefu mewn hen nyth bronfraith. Mi fydda i'n taflu unrhyw wastraff llysieuol o'r tŷ i'r jyngl yma i gael ei fwyta gan y cannoedd o greaduriaid sy'n byw yno.

Heddiw, mi fues i draw yn ardal Dolgellau i gwrdd â naturiaethwr ifanc sy'n gweithio i'r RSPB. Mae Siôn Dafis yn cynghori ffermwyr ar sut i reoli tir i hybu adar fel y gornchwiglen a bras yr eithin, a braf yw gweld Cymro Cymraeg yn gweithio i fudiad mor Seisnigaidd. Aeth â fi draw i fferm arbennig sy'n edrych dros aber y Fawddach i chwilio am felyn yr eithin, ac esboniodd nad oedd y tir wedi cael ei aredig ers dros hanner canrif. Ym Mehefin, mae'r caeau'n llawn tegeirianau, a'r llecynnau caregog, gwyllt yn gôr o ganeuon pob math o adar. Wrth inni gerdded a sgwrsio, clywais linosiaid pengoch, dau felyn yr eithin, tri chorhedydd y coed a dwsinau o wahanol deloriaid.

Dwi'n falch fod rhywun fel Siôn yn gwneud gwaith mor allweddol. Yn rhy aml o lawer, mae mudiadau wedi cyflogi pobl hollol anaddas i siarad â thirfeddianwyr. Dwi wedi gweld nifer o enghreifftiau lle mae rhywun di-Gymraeg o un o drefi mawr Lloegr wedi cael ei anfon i ardal wledig hollol Gymreig, a does dim angen i fi ddweud wrthoch beth oedd canlyniad hynny. Dwi'n sicr y bydd Siôn yn llwyddiant mawr ac y bydd bywyd gwyllt y ffermdir yn mwynhau ffrwyth ei lafur.

## MAI 23

Nid yn aml y caf gyfle i fynd i ardal Glynebwy, ond echdoe teithiais yno i agor canolfan bywyd gwyllt newydd i Ymddiriedolaeth Natur Gwent. Mae'r ganolfan yng nghanol datblygiad newydd ar safle'r hen waith dur, ond heddiw mae'n ardal werdd â digonedd o goed a phyllau llawn madfallod a phenbyliaid. Bydd yn ganolfan arbennig i blant, a dwi'n sicr – mewn blynyddoedd i ddod – y gwelwn naturiaethwyr y dyfodol yn meithrin eu diddordebau yma.

Gyrrais yn syth o Lynebwy i ysgol gynradd Deri ger Bargod er mwyn agor gardd bywyd gwyllt newydd, ac yna yn ôl heibio Glynebwy, ac ymlaen i warchodfa Cwm Merddach ger pentref Cwm i arwain taith gerdded i ddysgwyr Cymraeg yr ardal. Gwarchodfa'r Ymddiriedolaeth yw hon, sy'n cynnwys coedwig ffawydd uchaf Prydain yn ogystal â choed ynn a choed derw aeddfed, ardal o ffridd ac ychydig o fynydd agored. Mae'r amrywiaeth yn golygu bod cannoedd o wahanol rywogaethau o blanhigion, adar ac anifeiliaid i'w gweld yma, a chan fod yr haul yn tywynnu uwchben – cawsom noson hyfryd i'w chofio.

Roedd ddoe yn ddiwrnod chwilboeth a'r tymheredd yn codi uwchben 25 gradd celsiws, felly penderfynais fynd i redeg ar hyd y lonydd bach cefn o amgylch y tŷ. Mi fydda i'n mwynhau rhedeg mewn haul poeth, yn enwedig yr adeg yma o'r flwyddyn pan mae'r cloddiau yn fôr o liw ac adar bach yn nythu ym mhob llwyn. Ar ôl rhedeg heibio i Drefaldwyn ac anelu'n ôl am y pentref, gwelais ddeuddeg bwncath yn cylchu gyda'i gilydd yn yr awyr, a chlywais ddau felyn yr eithin a thair llinos yn canu o goed gerllaw. Un o fanteision mawr rhedeg neu gerdded o amgylch ardal yw eich bod yn gweld a chlywed cymaint mwy na phan fyddwch yn teithio mewn cerbyd.

Yn y prynhawn, roedd timau pêl-droed plant Trefaldwyn yn cynnal eu barbeciw a'u diwrnod gwobrwyo blynyddol ar gae chwarae'r pentref. Roedd yn wych gweld dwsinau o blant yn cicio pêl tra bod y rhieni'n paratoi'r bwyd, a thros ugain o wenoliaid duon yn sgrechian ac yn rasio yn yr awyr las uwchben. Dwi'n falch hefyd fod Tomos, y mab ieuengaf, wedi ennill Chwaraewr y Flwyddyn i'r tîm o dan naw oed yn ogystal â gwobr arbennig am sgorio 116 o goliau yn ystod y tymor. Diolch byth, dydi o ddim yn dilyn ei dad yn ei sgiliau pêl-droed!

## MAI 27

Mae'r tywydd braf yn parhau, ond mae'n dipyn oerach na'r 26 gradd a welsom yn
ystod y penwythnos. Dwi'n ofni, os bydd yr hinsawdd yn dilyn yr un patrwm â'r
blynyddoedd diwethaf, fod yr haf yn dod i ben rŵan, a bod tri mis gwlyb ac oer o'n
blaenau. Gobeithio 'mod i'n anghywir.

Mae eleni wedi bod yn flwyddyn arbennig i flodau dant y llew. Dwi wedi teithio
ar hyd a lled y wlad yn ystod yr wythnosau diwethaf, ac wedi gweld eu pennau melyn
yn disgleirio yn eu miloedd o gaeau gwair, lawntiau ac ochrau'r ffyrdd; ac erbyn hyn,
mae eu hadau'n chwythu ar draws y tir fel storm o eira. Bydd nifer o'r garddwyr
yn gandryll, ond mae'r nicos wrth eu boddau, ac roedd tri aderyn wrthi'n chwalu'r
pennau gwyn yn yr ardd wrth imi adael y tŷ y bore 'ma. Fel rheol, mi fydda i'n gweld
y pila gwyrdd yn bwydo ar yr hadau hefyd, ond hyd yn hyn, dim ond mewn coed
pinwydd yr ydw i wedi dod ar draws yr aderyn tlws yma eleni.

Blodyn arall sy'n amlwg iawn y gwanwyn yma yw'r blodyn menyn. Ar hyn o bryd,
dwi'n teithio ar y trên rhwng Casnewydd a Chaerdydd, ac mae'r caeau ar hyd tir isel
Gwastadeddau Gwent yn felyn llachar. Dwi dal ddim yn deall yn iawn pa batrwm
tywydd sy'n arwain at flwyddyn dda i'r gwahanol blanhigion. Ychydig flynyddoedd yn
ôl, roedd blodau gwych ar y coed drain duon; a'r flwyddyn cynt, dwi'n cofio hydref
arbennig i aeron y griafolen. Tybed a oes rhywun yn astudio'r tywydd a'r tymheredd
yn wythnosol, ac yn defnyddio'r wybodaeth i geisio rhagweld beth fydd yn ffynnu y
flwyddyn ganlynol? Byddai'r canlyniadau yn ddiddorol iawn, dwi'n siŵr.

Un o fanteision mawr fy ngwaith yw cael cyfarfod â phobl sydd wedi gwneud
cymaint o waith arbennig ym myd cadwraeth yng Nghymru. Ddoe, cefais y fraint o
gyfarfod Dewi Jones o Ben-y-groes ger Llyn y Dywarchen yn Nyffryn Nantlle. Cerdded
mynyddoedd Eryri yw diléit Dewi, ond wrth wneud hynny mae wedi dod yn arbenigwr
ar blanhigion Arctig Alpaidd Cymru. Yn wir, mae'n gwybod mwy am ecoleg a lleoliadau
rhai o'n planhigion mynyddig prinnaf na neb arall dwi'n ei nabod, ac roedd hi'n braf cael
ei gwmni am ychydig oriau mewn ardal y mae'n ei nabod cystal. Dwi wedi cael cynnig
mynd am dro efo fo i weld rhedyn a phlanhigion prin, a bydd yn rhaid imi sicrhau bod
amser yn cael i neilltuo i fod yn ei gwmni yn ystod yr haf a'r hydref.

● ● ● ● ● ● ● ● ● ● ● ● ● ● ● ● ● ● ● ● ● ● ● ● ● ● ● ● ● ● ● ● ● ● ● ● ● ● ● ● ● ● ● ● ● ● ● ● ● ● ● ●

## MAI 30

*Bonjour!* Dwi'n ysgrifennu hwn mewn carafán yn Ffrainc ar ôl teithio yma ddoe. Gyrrais
drwy Loegr i borthladd Dover, cyn dal y fferi i Calais, ac yna gyrru i safle carafannau
ym mhentref La Croix du Vieux Pont – neu 'groes yr hen bont' – rhyw awr i'r gogledd
o Baris.

Dwi wedi teithio drwy'r ardal yma unwaith o'r blaen yn 2003, pan oeddwn i'n cyd-
gyflwyno rhaglen ddogfen ar y Rhyfel Byd Cyntaf gyda'r diweddar Hywel Teifi Edwards.

Roedd cael cwmni Hywel yn fraint, yn enwedig gan ein bod wedi crwydro'r ardaloedd lle y gwelwyd yr ymladd mwyaf ffyrnig – llefydd fel Ypres, Arras, Vimy Ridge, Cambrai ac wrth gwrs, y Somme. Mae sefyll yng nghysgod cofgolofn milwyr Cymru ger Coed Mametz yn un o'r profiadau dirdynnol hynny fydd yn aros yn y cof am byth; a dwi hefyd yn cofio teithio ar hyd lonydd cul a phasio dwsinau o fynwentydd gyda rhes ar ôl rhes o feddau milwyr Prydeinig tra oedd y gân 'Heroes' gan David Bowie yn bloeddio ar y radio.

Ym Mhrydain, mae sawl un wedi dweud wrtha i nad ydynt yn hoff o'r Ffrancwyr, ond mae'n rhaid imi ddweud 'mod i wrth fy modd yma. Mae'n help os gwnewch ymdrech i siarad yr iaith, ac er nad ydw i'n rhugl o bell ffordd, gallaf gynnal sgwrs syml am gyfnodau byr. Mae bron i chwarter y wlad wedi ei orchuddio â choed, ac mae hynny'n golygu bod digonedd o anifeiliaid ac adar sydd wedi diflannu o Gymru yn dal i ffynnu yn Ffrainc. Ar ôl diwrnod yn unig yma, dwi wedi gweld dau foda'r mêl, bras yr ŷd, olion baedd gwyllt a chlywed sofliar yn galw o gae ŷd. Yn ystod y diwrnodau nesaf dw i'n gobeithio crwydro ychydig mwy, ac er mai gwyliau i'r teulu yw hwn dwi'n sicr y caf ddianc i wylio bywyd gwyllt am brynhawn.

▲ Golygfa enwog Monument Valley,
safle sanctaidd y Navajo.

▲ Y Grand Canyon yn ei holl ogoniant.

◀ Un o olygfeydd gorau'r byd, a dacw fi ynddi!

MAI

◀ Y criw ar fin neidio i'r hofrennydd.

# Mehefin

## O Ffrainc i Ynys Enlli: cofio 'Nhad a Chwpan y Byd

## MEHEFIN 3

Mae'r tywydd yma yn Ffrainc wedi newid o'r diwedd, ac mae'n addo haul braf hyd ddiwedd yr wythnos. Roedd hi'n chwilboeth ddoe pan aethon ni ar daith i Baris, yn bennaf i weld yr Arc de Triomphe ac i ddringo Tŵr Eiffel. Mae'n ddinas hyfryd gyda digonedd o goed a llecynnau gwyrdd, ac afon Seine yn llifo drwy ei chanol. Er nad ydw i'n un sy'n hoff o dreulio oriau yn syllu ar hen adeiladau, mae'n amhosibl peidio â chael eich syfrdanu gan rai o'r strydoedd llydan a'r adeiladau prydferth, ac mae mor braf cael eistedd y tu allan i'r bwytai yn yfed diodydd oer o dan awyr las.

Yr un mor ddifyr i mi oedd teithio ar y bws trwy ganol coedwigoedd eang a chaeau diddiwedd o gnydau amrywiol. Gwelais ddwsinau o betris ac ysgyfarnogod, ac roedd ehedyddion yn canu o gornel gwyllt pob cae bron. Wrth deithio drwy'r coedwigoedd collddail, gwelais geirw danas ac ambell iwrch yn aros yn y cysgodion. Er bod hela'n gyffredin yma, mae'r helwyr wedi sicrhau eu bod yn diogelu cynefinoedd eu prae, ac felly mae bywyd gwyllt o bob lliw a llun yn ffynnu yma.

Y bore 'ma, es i allan i redeg cyn i'r haul godi, ac roedd côr y wig yn fyddarol. Doedd neb o gwmpas ac eithrio ambell bysgotwr yn eistedd yn amyneddgar ar lan yr afon, ac yn ogystal â'r adar sy'n weddol gyffredin gartref, clywais fras y gerddi yn canu o ardd plasty mawr ysblennydd. Mae pob gardd yn berwi o fronfreithod, adar duon a theloriaid penddu, ac yn y caeau lle mae'r amrywiaeth o gnydau, mae melyn yr eithin yn niferus.

## MEHEFIN 6

Wel mae'r gwyliau i Ffrainc wedi dod i ben, ac ar ôl teithio am ddeg awr, rydw i a'r teulu gartre'n ddiogel. Mae gwahaniaeth mawr rhwng Prydain a Ffrainc, ac nid oes un enghraifft well na'r priffyrdd. Doedd dim problem o gwbl wrth deithio'n ôl i Calais, ond unwaith inni gychwyn cymal ola'r daith o Dover i Gymru, roedd damwain wedi cau'r ffordd, ac yno y buom am bron i ddwy awr.

Mae Ffrainc yn wlad fwy ac mae digonedd o le i bawb a phopeth. Ym Mhrydain, mae gormod o bobl yn byw ar un ynys fechan, ac felly does dim digon o dir, dim digon o le ar y priffyrdd a dim digon o lecynnau gwyllt inni ddianc iddynt. Mae'n golygu hefyd nad oes digon o gynefinoedd i fywyd gwyllt, ac mae'n rhaid i'n hanifeiliaid a'n planhigion oroesi mewn ynysoedd o dir sydd wedi eu hamgylchynu gan anialwch o dirwedd grewyd gan ddyn.

Y bore 'ma, aeth Dewi, y mab hynaf, i edrych ar y blychau nythu o amgylch y cae y tu cefn i'r tŷ. Roedd cywion pluog gan y titŵod a'r adar to, ac er inni gael glaw trwm yn y prynhawn, dwi'n gobeithio y bydd hi'n ddigon sych yn ystod y diwrnodau nesaf i'r rheini gael darganfod digon o lindys i'w bwydo. Mae'n syndod y ffordd mae'r llystyfiant wedi ymddangos yn sydyn yn y caeau o amgylch y pentref yn ystod yr wythnos diwethaf. Erbyn hyn, mae'r gwair wedi cyrraedd fy mhen-glin a'r blodau menyn yn dalach fyth, ond ni fydd yn hir cyn iddo gael ei dorri ar gyfer silwair. Bydd y nicos sy'n bwydo ar yr hadau aeddfed yn drist i'w weld yn diflannu, ond nid Ceri y wraig, gan ei bod yn dioddef yn arw o glefyd y gwair, druan ohoni.

## MEHEFIN 10

Diwrnod pen-blwydd fy nhad, gŵr cefnogol a chariadus a fu farw yn Nhachwedd y llynedd. Roedd yn ddylanwad anferth arnaf, yn bennaf y ffordd y byddai'n trin pawb yn gyfartal, boed yn ddyn casglu sbwriel neu'n arglwydd yn Nhŷ'r Arglwyddi. Er nad oedd yn naturiaethwr brwd, roedd yn berson cefn gwlad ac yn frwdfrydig iawn ynghylch chwaraeon, yn enwedig rygbi – rhywbeth yr ydw i a'r bechgyn wedi ei etifeddu.

Mae'r newyddion wedi bod yn frith o hanesion llwynog yn Llundain a ymosododd ar ddau fabi yn eu gwlâu gan achosi anafiadau difrifol. Mae'n hanes trist a hollol annisgwyl, a does neb yn sicr beth yn union ddigwyddodd. Ar hyd y blynyddoedd, mae niferoedd yr anifeiliaid yma wedi cynyddu'n arw yn ein trefi a'n dinasoedd, ac erbyn heddiw, peth cyffredin yw gweld llwynog yn bwydo ar strydoedd Llundain. Peth prin iawn, beth bynnag, yw ymosodiadau ar bobl – ac yn enwedig ymosodiad mor ffyrnig â'r digwyddiad diweddaraf yma.

Beth sy'n siomedig yw'r ffordd mae'r papurau ac unigolion wedi defnyddio'r digwyddiad i alw am ddifa llwynogod drwy'r wlad. Roedd sgwrs ar Radio Cymru echdoe gan 'arbenigwr' llwynogod yn galw am eu difa ar hyd a lled y wlad cyn i lawer mwy ymosod ar blant yn ein trefi. Dwi ddim yn gwrthwynebu rheoli llwynogod lle bo angen; wedi'r cyfan, bûm yn gweithio ar fferm fynyddig yng nghanolbarth Cymru yn ystod pob adeg wyna, cneifio a chynaeafu am flynyddoedd lawer. Dwi wedi gweld ieir, hwyaid ac ŵyn wedi eu lladd gan lwynog, ond alla i ddim dioddef y meddylfryd yma o ladd a difa popeth o achos un.

Cododd y sgwrs ar y radio bwnc arall diddorol hefyd, sef llwynogod o'r trefi'n cael eu cludo i gefn gwlad a'u rhyddhau mewn cynefin hollol estron. Dwi erioed wedi gweld hyn fy hun, nac wedi cwrdd â rhywun sydd wedi ei weld yn digwydd. Does dim dwywaith fod niferoedd llwynogod wedi cynyddu, ond dwi ddim yn sicr fod rhyddhau anifeiliaid yng nghefn gwlad yn syniad da. Wedi ysgrifennu hwn, dwi'n siŵr y bydd ambell un yn cysylltu i ddweud fy mod yn hollol anghywir, ond ar ôl crwydro cefn gwlad Cymru am dros ddeugain mlynedd, dwi ddim wedi cael unrhyw dystiolaeth fod y fath beth yn digwydd.

Wrth imi ysgrifennu, mae ceiliog petrisen goesgoch yn galw o ben to'r tŷ. Dyma'r drydedd flwyddyn iddo sefydlu tiriogaeth yma, ac er i'r iâr ddodwy a deor wyau yn llwyddiannus, does dim un cyw wedi goroesi hyd yn hyn, yn bennaf o achos cathod yr ardal. Gan fod y cŵn yn 15 a 13 oed erbyn hyn, does fawr o awch rhedeg arnynt bellach i gadw'r cathod draw fel y gwnaent ers talwm.

## MEHEFIN 12

Dechreuodd gornest Cwpan y Byd yn Ne Affrica ddoe, a heno mae Lloegr newydd gael gêm gyfartal yn erbyn yr Unol Daleithiau. Wedi gorfod gwrando ar fis o sbwriel yn cael ei chwydu o gegau'r Saeson a'r wasg genedlaethol, mae'r tîm pêl-droed newydd gadarnhau yr hyn rydan ni i gyd yn ei wybod: does gan Loegr ddim gobaith mul o ennill Cwpan y Byd eleni.

Collais gêmau cyntaf y gystadleuaeth ddoe gan fy mod wedi ymweld ag Ynys Enlli gyda'r bechgyn ac aros yno dros nos. Yno i recordio dwy raglen radio oeddwn i, yng nghwmni'r adarwyr Kelvin Jones a Rhodri Dafydd, dau gymeriad hoffus a deallus iawn. Roedd hi'n wych cael cerdded o amgylch a sgwrsio'n hamddenol am ychydig o bopeth, a dwi'n gwybod bod y bechgyn wedi mwynhau hefyd, yn enwedig pan benderfynon nhw daflu baw defaid at Dad! Mae'r ynys ar ei gorau ym mis Mehefin, a dwi erioed wedi ei gweld yn edrych yn well. Mae cnydau wedi'u plannu mewn ambell gae ble mae gwartheg duon Cymreig a defaid yn pori, er mwyn sicrhau bod cymysgedd o gynefinoedd ar gyfer pob math o fywyd gwyllt.

Uchafbwynt yr ymweliad i'r ddau oedd gwrando ar sŵn y morloi'n gorwedd ar y creigiau ar y llanw isel, sŵn tebyg i Dad yn chwyrnu yn ôl Dewi! Yn anffodus, ni ddaeth adar-drycin Manaw yn ôl i'r tir tan tua un y bore – dwy awr ar ôl i'r bechgyn fynd i'w gwelyau – ond cafodd Kelvin, Rhodri, Dylan y dyn sain a minnau y fraint o sgwrsio am dros ddeng munud tra bo'r adar unigryw yma'n hedfan o'n cwmpas ym mhob man. Y rhain yw adar pwysicaf Cymru, a thros hanner poblogaeth y byd yn nythu ar ynysoedd Sgomer, Sgogwm ac Enlli; ac wrth imi gwympo i gysgu yn fy ngwely clyd, roedd synau arallfydol adar-drycin Manaw i'w clywed ym mhob man.

Roedd rhaid codi am hanner awr wedi pump y bore 'ma er mwyn mynd i Fae Aberdaron i recordio rhaglen *Galwad Cynnar* yn fyw oddi ar gwch yng nghwmni Gerallt Pennant a chriw o naturiaethwyr eraill. Gwych oedd cael sgwrsio am Ben Llŷn a'i fywyd gwyllt a hithau mor braf. Does dim dwywaith fod yr ardal yma yn un o berlau Cymru, ac Enlli yn ddiemwnt yn y goron.

••••••••••••••••••••••••••••••••••••••••••••••••••••••••••••••••••••••

## MEHEFIN 17

Dim ond tua unwaith y flwyddyn y bydda i'n mynd i Ynys Enlli fel rheol, ond roeddwn i'n mynd yn ôl yno ddydd Llun yn rhan o'r gyfres *Bro*, y tro yma i ymweld ag Angharad Roberts a'i chariad Carwyn yng nghwmni Shân Cothi. Tad Angharad, Gareth Roberts, sy'n ffermio'r ynys, ond bydd y cwpl ifanc yma'n gwneud llawer o'r gwaith dyddiol ar Enlli hefyd, ac roedden ni yno i ffilmio'r ddau yn cneifio. Bachgen o Lanon yw Carwyn yn wreiddiol, ond mae wedi symud i ardal Aberdaron i helpu Gareth ar y fferm ac i fod yn nes at Angharad. Mae'n gneifiwr taclus tu hwnt, ac aeth i nôl anferth o hwrdd Cymreig er mwyn i Shân a minnau roi tro arni. Hwrdd oedd yr anifail, meddai Carwyn, ond roedd yn edrych yn fwy fel byffalo gyda'i ddau gorn anferth! Diolch byth, er ein lles ni a'r anifail, Carwyn gneifiodd yn y diwedd neu fe fyddai'r hwrdd a minnau wedi gorfod ymweld â'r milfeddyg a'r meddyg yn fuan iawn!

Pan oeddwn yn fy arddegau ac yn helpu ar fferm bob cyfnod wyna, cneifio a chasglu bêls, byddai'r ffermydd yn dod at ei gilydd i orffen y gwaith mewn da bryd. Roeddent yn ddigwyddiadau cymdeithasol a phawb yn helpu, a dwi'n cofio chwysu chwartiau wrth osod y bêls yn daclus mewn ysguboriau llychlyd, cyfyng. Heddiw, bydd teclynnau yn gwneud llawer o'r gwaith a chontractwyr yn mynd o amgylch y wlad i gneifio, ond mae wyna yn parhau i fod yn amser prysur ofnadwy i'n ffermwyr.

Cawsom groeso cynnes gan bawb yn ardal Aberdaron, a'r haul yn tywynnu'n ddi-baid. Dwi'n sicr y bydd y rhaglen yn llwyddiant mawr. Mae'n ardal hyfryd, a gwesty Tŷ Newydd ymysg y gorau yng Nghymru o ran croeso, ystafelloedd moethus, bwyd bendigedig a golygfa wych. Yn wir, aeth pethau ychydig yn wirion ar y nos Lun. Penderfynodd tri ohonom redeg o'r gwesty i'r traeth, ac yna i'r môr. Syniad da pan rydach chi'n eistedd mewn gwesty moethus, ond dim cystal pan rydach chi at eich clustiau mewn dŵr rhewllyd. Dwi'n beio Shân Cothi!

Ddoe, mi fues i'n chwilio am nythod boda'r mêl drwy'r dydd, aderyn ysglyfaethus prin iawn sy'n nythu yng nghoed cymysg rhai o gymoedd Cymru. Dwi'n cofio dod ar draws y nyth cyntaf yn 1991, ac ers hynny mae'r niferoedd wedi cynyddu'n boenus o araf i ryw ddwsin o barau. Aderyn mudol yw'r boda, ac mae'n unigryw gan ei fod yn bwydo'n bennaf ar gynrhon cacwn a llyffantod, deiet od iawn. Rhag iddo gael ei bigo, mae ganddo blu trwchus iawn o amgylch ei ben, ac mae ei grafangau'n fyr a chryf er mwyn tyllu'r nythod cacwn allan o'r ddaear. Un o'r problemau mwyaf wrth geisio cadw llygad arnynt yw diffyg adarwyr profiadol i helpu gyda'r gwaith, ond roeddwn i yng nghwmni Steve Roberts, hen ffrind ac arbenigwr drwy Brydain ar yr aderyn yma. Er gwaethaf hynny, bu'n rhaid inni eistedd yn amyneddgar am dros bedair awr cyn cael ein cipolwg cyntaf o'r adar a rhyw fath o syniad o leoliad y nyth.

I mewn â ni'n hyderus wedyn cyn darganfod bod y goedwig fel rhyw jyngl gwyllt gyda mieri a drain hyd at fy mogel, a minnau'n gwisgo siorts. Bu'n rhaid i mi roi'r ffidil yn y to am bump o'r gloch er mwyn gyrru adref i warchod y bechgyn, ond gadewais Steve yn y coed a dwi'n sicr na ddaw oddi yno heb ddarganfod y nyth. Y bore 'ma, mae 'nghoesau a 'mreichiau'n edrych fel petawn i'n rhyw fynach pechadurus sydd newydd dderbyn chwipiad fel penyd, ac rown i'n sgrechian yn y gawod boeth ben bore! Dyna'r gost weithiau i gael y fraint o astudio un o adar prinnaf Cymru, ond y tro nesaf mi fydda i'n siŵr o wisgo trowsus hir.

...........................................................................

## MEHEFIN 20
Mae'r tywydd wedi troi'n gynnes iawn unwaith eto, a phawb o amgylch y pentref yn binc fel cimwch ar ôl penwythnos bendigedig. Digwyddodd dau beth difyr i'w nodi yn ystod y penwythnos.

Ddoe, gwelais bicwnen goch, neu *hornet* yn yr ardal yma am y tro cyntaf. Dwi wedi eu gweld droeon yn ne-ddwyrain Cymru, ac wedi eu cofnodi yn ymledu'n araf tua'r Gogledd. Tua wyth mlynedd yn ôl, gwelais rai yn ymyl Llanfair-ym-Muallt, ond dyma'r tro cyntaf imi weld un yn Sir Drefaldwyn. Dyma'r gacynen fwyaf yng Nghymru, a melyn a choch yw ei lliw; ac er ei bod yn gallu rhoi pigiad digon ffyrnig, ni fydd yn ymosodol os na chaiff ei bygwth. Dwi'n cofio cael fy mhigo pan oeddwn yn edrych ar flychau nythu adar ger y Fenni, a darganfod braidd yn hwyr fod nyth picwn coch yn un ohonynt. Rhedais fel y gwynt, ond nid yn ddigon cyflym gan fod dwy bicwnen wedi fy mhigo trwy fy nhrowsus trwchus. Roedd pothell goch ar fy nghroen am bron i wythnos.

Heddiw, es i rhedeg ar hyd y gamlas o'r Trallwng i bentref Pool Quay ac yn ôl, rhyw bum milltir i gyd. Wrth basio darn o dyfiant trwchus, rhedodd llyg y dŵr ifanc o'm blaen. Roedd yn ddigon dibrofiad ac araf imi gael ei ddal ac edmygu'r ffwr du ar y cefn a'r lliw golau ar y bol. Dyma'r tro cyntaf erioed imi weld yr anifail swil yma yng Nghymru, er nad yw'n greadur prin iawn. Mae'n cadw at ymylon afonydd, camlesi a phyllau sydd â digonedd o dyfiant o'u hamgylch, ond mae ffrind imi wedi dal dwsinau mewn cae gwlyb yn Sir Benfro eleni.

Heno, dwi newydd bacio fy magiau er mwyn teithio i Heathrow bore fory, i hedfan i America unwaith eto i ymweld â'r Indiaid brodorol, y tro yma llwyth y Blackfoot a'r Lakota Sioux yn Montana a North Dakota. Er fy mod yn edrych ymlaen, mae tair wythnos oddi cartref yn amser hir, a dwi wedi addo i Ceri a'r bechgyn na fydda i'n mynd dramor am fwy na phythefnos ar y tro ar ôl eleni.

◀ Carwyn ac Angharad sy'n ffermio'r tir ar Ynys Enlli gyda Shân a fi'n mwynhau'r cwmni.

▼ Oes gafr eto? Wel oes siŵr! Shân, Iolo, Cheryl a gafr farus yn cael picnic ar Enlli.

➤ Lynne a Ceri ac arwyddion o noson dda!

▼ Taro targed hanner cilomedr i ffwrdd.

▲ Y byffalo – brawd y Lakota.

▲ Daeth y neidr hon o fewn trwch blewyn i 'mrathu i …

◀ Un o'r blodau sy'n dod â lliw i'r paith bob blwyddyn.

▲ Bedd Sitting Bull.

# Gorffennaf

Gŵyl Indiaid y Blackfoot: ceffylau, cowbois a *rodeo* ar y paith

## GORFFENNAF 3

Dyma'r tro cyntaf erioed imi ymweld â Montana, ac wrth deithio o Grand Rapids i dir y Blackfoot, doeddwn i ddim yn meddwl bod llawer o wahaniaeth rhwng y dalaith yma a North Dakota. Doedd dim i'w weld ond paith a thir wedi ei aredig yn ymestyn am filltiroedd. Wrth agosáu at dref Browning, fodd bynnag, gallwn weld mynyddoedd mawr y Rockies – asgwrn cefn America yn y pellter ac erbyn imi gyrraedd East Glacier, roedd y mynyddoedd yn cuddio'r haul wrth iddo fachlud.

Dwi'n aros mewn cwt tebyg i gwt glan môr ym mhentref East Glacier, ond rhaid dweud ei fod yn ddigon moethus, neu o leiaf mae gwely cyfforddus a chawod boeth i'w cael yma. Mae'r pentref ar odre'r mynyddoedd tal, felly mae'n oerach o lawer na'r tymheredd a gawsom yn North Dakota. Mae'r olygfa, beth bynnag, yn fendigedig ac yn debyg i bentref yng nghanol yr Alpau, ond bod anifeiliaid fel yr arth frown a'r mŵs yn crwydro'r coed sy'n gorchuddio llethrau isaf y Rockies.

Heddiw, teithiais i'r gogledd i Alberta yng Nghanada i gwrdd â ffermwr o'r enw Pete Standing Alone. Er mai trwy werthu gwartheg Hereford mae'n gwneud ei arian, mae hefyd yn cadw dros gant o geffylau ac yn eu torri i mewn. Roeddwn i yno i siarad am bwysigrwydd y ceffyl i'r Blackfoot, ond gan fod gwaith y fferm yn parhau o 'nghwmpas, roedd gofyn imi helpu.

Od iawn oedd gweld Indiaid yn ymddwyn fel cowbois, yn mynd ar gefn ceffyl i hel y gwartheg a'r lloi bach o'r caeau, ond roedd rhaid imi edmygu eu dull arbennig o farchogaeth. Ar ôl corlannu'r gwartheg a gwahanu'r lloi oddi wrth eu mamau, gwyliais grŵp o ddynion ac un ferch yn dal yr anifeiliaid gyda lasŵ, a dau ddyn wedyn yn dal y llo i lawr fel ei fod yn cael *brand* ar ei ben ôl a thag plastig yn ei glust. Os mai bustach oedd y llo, byddai un dyn yn ei sbaddu gyda chyllell, gwaith a oedd yn dod â dŵr i'm llygaid rhaid dweud! Cefais helpu gyda'r dasg o osod *brand* i ddechrau, sef rhoi marc parhaol ar grwmp yr anifail gyda haearn tanboeth wedi ei siapio yn ôl llythrennau'r fferm – 'SI' yn yr achos yma am yr *SI Ranch*. Dwi ddim yn siŵr faint o boen yr oedd hyn yn ei beri i'r lloi bach gan fod croen trwchus ganddynt, ond wrth imi weithio ymysg y cowbois a'r llwch, roedd arogl cnawd yn llosgi yn llenwi fy ffroenau.

Ar ôl gwylio am ychydig, cefais gyfle i ddal yr anifeiliaid i lawr fel bod rhywun arall yn cael cyfle i'w tagio a'u sbaddu. Mae techneg arbennig i wneud hyn, ac mae gofyn cael un person i ddal y pen a'r goes flaen ac un arall i ddal y coesau ôl. Gyda'r lloi mawr, mae hyn yn gallu bod yn waith peryglus gan eu bod yn anifeiliaid pwerus sy'n cicio fel ceffylau, ond dwi'n meddwl imi wneud yn iawn. Ar ôl gorffen y gwaith, a minnau'n chwys a llwch o 'mhen i'm sodlau, cefais y fraint o fwyta *prairie oyster* ffres, sef un o geilliau'r llo anffodus wedi ei goginio ar y tân nwy a oedd yn cynhesu'r 'brandiau'. Doedd o ddim y cinio gorau imi ei fwyta erioed.

## GORFFENNAF 6

Un peth sydd wedi dod yn amlwg iawn wrth ffilmio'r gyfres yma yw fod yr Indiaid heddiw yn byw fel Americanwyr. Does neb yn gwisgo het bluog ac yn cario bwa saeth o gwmpas, na neb yn byw mewn tîpi. Mae ambell un yn parhau i siarad yr iaith frodorol a chymryd rhan mewn seremonïau traddodiadol, ond mae nifer helaeth wedi anghofio eu gwreiddiau ac yn byw bywyd Americanaidd. Yn hyn o beth, gallwn ni yng Nghymru fod yn falch o'r ffaith ein bod wedi cadw'r iaith yn fyw, yn enwedig gan ein bod wedi cael ein concro gan y Saeson ganrifoedd yn ôl. Petaswn yn dychwelyd i'r Unol Daleithiau i gwrdd â'r llwythau mewn hanner canrif eto, dwi'n sicr y byddai'r rhan fwyaf o'r ieithoedd wedi diflannu. Sylwadau trist efallai, ond dyna yw'r gwirionedd erbyn heddiw a rhaid byw gyda hynny.

Heddiw, bûm yn dyst i'r arferiad o adael ceffylau i redeg trwy dref Browning. Yn fras, bydd 'cowbois' yn gollwng dros gant o geffylau o gae cyfagos i redeg ar hyd y stryd fawr ac i mewn i gorlannau arbennig er mwyn dechrau Gŵyl yr Indiaid. Mae'n olygfa wych, a channoedd o bobl yn dod o ardal eang i'w gwylio; a bydd sŵn carnau'r anifeiliaid yn taranu ar y ffordd, y dorf a'r cowbois yn gweiddi, ac arogl y chwys ar gyrff y ceffylau yn aros yn y cof yn hir. Yn ystod y diwrnodau nesaf, bydd yr ŵyl yn cynnwys pob math o weithgareddau, ac mi fydda i yno i'w mwynhau.

Echdoe, mi ddringais i odre'r mynyddoedd mawr er mwyn chwilio am fywyd gwyllt, ac er imi weld amrywiaeth liwgar o blanhigion a phryfed, ofer fu'r ymdrechion i ddod o hyd i eirth. Gwelais ddau garw mawr yn y pellter, yr hyn y mae'r bobl leol yn ei alw'n *elk*, ac wrth inni droi tua'r gwesty gwelais garw mŵs benyw yn bwydo ar dyfiant mewn pwll yn ymyl y ffordd. Mae'r rhain yn greaduriaid anferth, ac er nad oes cyrn gan y fuwch, mae'n gallu bod yn greadur peryglus. Roedd hon, fodd bynnag, a'i bryd ar groesi ffordd brysur, felly bu'n rhaid imi redeg i stopio'r cerbydau er mwyn iddi groesi'n ddiogel. Yn ôl y sôn, mae nifer o ddamweiniau ar ffyrdd yr ardal yma bob blwyddyn wrth i gerbydau daro ceirw ac eirth, ond diolch byth – cafodd hon fynd ar ei ffordd yn ddiffwdan.

## GORFFENNAF 9

Mae hi wedi bod mor brysur, prin yr ydw i wedi cael amser i ysgrifennu. Yn ystod y ddau ddiwrnod diwethaf, cefais ymweld â Gŵyl yr Indiaid yn nhref Browning. Dychmygwch Sioe Frenhinol Amaethyddol Cymru y drws nesaf i'r Eisteddfod Genedlaethol, ac fe gewch ryw fath o syniad o'r ŵyl yma. Daw cannoedd o bobl i gystadlu mewn pob math o gystadlaethau'n ymwneud â'r ceffyl, o *rodeo*, i osod rhaff am wartheg, i rasio; ac ar faes yr 'eisteddfod', mae *pow-wow* mawr lle bydd aelodau o'r gwahanol lwythau yn cystadlu yn erbyn ei gilydd wrth ddawnsio a chanu.

Ddoe, roeddwn yn canolbwyntio ar y cystadlaethau ceffylau, ac am y tro cyntaf erioed, gwelais gowbois go iawn yn cymryd rhan mewn *rodeo*. Yn fras, byddai marchog yn ceisio aros ar gefn ceffyl gwyllt, heb unrhyw fath o gyfrwy am o leiaf wyth eiliad. Os nad oedd hynny'n ddigon anodd, câi bob un farciau ychwanegol am ei 'ddull'. Ar ôl gwylio dros ugain o gystadleuwyr, yr enillydd oedd dyn gwyn lleol a oedd yn parhau i gymryd rhan er gwaetha'r ffaith iddo dorri ei gefn ddwywaith yn y gorffennol!

Ar ôl gwylio mwy o gystadlaethau, cerddais draw i'r seremoni fawr a oedd yn agor y *pow-wow*. Roedd cynrychiolwyr o dros ddeugain o lwythau yn dod i mewn i gylch mawr er mwyn dawnsio i gerddoriaeth Indiaidd mewn dillad traddodiadol. Roedd hi'n dipyn o sioe, y gwisgoedd yn amryliw a'r canu'n fyddarol; ac yn ystod y diwrnodau nesaf, bydd cystadlu brwd am arian mawr. Gadewais y seremoni ar ôl iddi nosi, ond yn ôl y sôn byddai'r dawnswyr yn parhau tan oriau mân y bore.

Heddiw, es yn ôl i'r sioe geffylau i wylio ras gyfnewid Indiaidd. Mae hon yn ras hollol wallgof lle mae un marchog yn rasio o amgylch cylch o drac – rhyw hanner milltir o hyd – yna'n neidio i ffwrdd a llamu ar gefn ceffyl arall, carlamu o amgylch y trac, newid ceffylau unwaith eto a rasio tua'r diwedd. A hynny i gyd heb gyfrwy!

Maen nhw'n dweud bod y ras yn dyddio'n ôl i'r adeg pan fyddai'r llwythau yn dwyn ceffylau oddi wrth ei gilydd. Byddai marchog yn mynd â thri neu bedwar ceffyl ar y tro, ac yn neidio o'r naill i'r llall wrth i'r anifeiliaid flino er mwyn cadw'r blaen ar eu herlidwyr. Ar ôl gwylio'r ras, hawdd oedd gweld pam fod y Blackfoot yn ystyried y marchogion fel rhyfelwyr y byd modern. Yn sicr, bydd sawl un yn dueddol o gael anafiadau difrifol, ond heddiw, diolch byth, cafodd pawb fwynhau rasio cyffrous heb unrhyw ddigwyddiad difrifol.

Ar hyn o bryd, rwy'n eistedd mewn gwesty yn nhref Grand Rapids. Mi fydda i yma am noson cyn dal awyren i Denver, yna ymlaen i Heathrow ac adref at y teulu. Siaradais â Ceri ddoe, ac roedd ganddi newyddion drwg ei bod ar fin colli ei gwaith. Mae'n gweithio gyda phlant â phroblemau ymddygiad mewn ysgolion ar hyd a lled Sir Drefaldwyn, ond fel rheol problemau yn y cartref yw gwraidd y broblem. Mae'r plant druan wedi cael eu siomi gan oedolion drwy gydol eu bywydau byrion, ac oherwydd diffyg arian maent yn cael eu siomi unwaith eto. Gall y llywodraeth ddod o hyd i filiynau o bunnoedd i ariannu rhyfel diangen yn Affganistan, ond methu ffeindio ychydig filoedd yn unig i edrych ar ôl y genhedlaeth nesaf.

● ● ● ● ● ● ● ● ● ● ● ● ● ● ● ● ● ● ● ● ● ● ● ● ● ● ● ● ● ● ● ● ● ● ● ● ● ● ● ● ● ● ● ● ● ● ● ● ● ● ●

## GORFFENNAF 13

Unwaith eto, mae cefn gwlad Cymru wedi newid yn gyfan gwbl yn ystod y tair wythnos a dreuliais yn yr Unol Daleithiau. Yn amlwg, mae'r tywydd wedi bod yn braf ac yn sych gan fod y caeau gwair wedi eu llosgi'n felyn, ac yn y perthi mae'r blodau taranau a botwm crys wedi diflannu a dim ond blodau gwyn yr efwr, blodau hufen yr erwain a blodau pinc llachar yr helyglys hardd sydd i'w gweld uwchben y gweiriach tal.

Mae'r blychau nythu i gyd yn wag, ac ar wahân i'r ysguthan, dim ond y fwyalchen a'r fronfraith sy'n parhau i ganu y tu allan i'r tŷ yn y bore. Mae'r cae gwair yng nghefn y tŷ wedi ei dorri a'i gynaeafu, ac wrth gerdded o gwmpas gyda'r cŵn yn gynharach heddiw, gwyliais gacwn yn dod i mewn ac allan o'u nyth mewn hen dwll llygoden yn y ddaear. Nid oes llawer o bobl yn hoff o gacwn, ond maen nhw'n gwneud gwaith hanfodol bwysig trwy ladd miloedd o bryfetach dinistriol a fyddai'n difa'r planhigion yn ein gerddi pe caent rwydd hynt. Dim ond tuag at ddiwedd yr haf a dechrau'r hydref y byddant yn chwilio am fwydydd melys, a bryd hynny y byddant yn achosi problemau yn ein cartrefi.

Ar ôl cyrraedd adref nos Sul, cerddais i'r dafarn yng nghanol y pentref er mwyn gwylio rownd derfynol Cwpan y Byd rhwng Sbaen a'r Iseldiroedd. Wrth gerdded, roedd cwmwl o wenoliaid duon yn rasio ac yn sgrechian uwch fy mhen, ac ambell un yn gwthio'i ffordd o dan fondo'r dafarn i fwydo'r cywion. Mewn dim o dro, mi fyddan nhw'n ein gadael unwaith eto i ddychwelyd i'r Affrig, ond yn wahanol i'r llynedd mae'n ymddangos bod y tywydd braf wedi hybu tymor nythu llwyddiannus.

Heddiw, daeth newyddion fod cais Llywodraeth y Cynulliad i ddifa moch daear yng ngogledd Sir Benfro wedi cael ei wrthod gan yr Uchel Lys yn Llundain. Dwi ddim yn synnu, gan fod gwyddoniaeth y cynllun yn warthus o'r dechrau, ond tra bod y dadlau yn mynd ymlaen ac ymlaen, mae mwy a mwy o wartheg yn cael eu difa. Petai'r llywodraeth wedi rhoi cymaint o ymdrech i frechu ag y maen nhw i ddifa moch daear, buasai'r broblem wedi ei datrys erbyn hyn. Yn Iwerddon, maen nhw wedi darganfod nad yw difa'r anifeiliaid yn cael gwared â diciâu yn y gwartheg, ac maent hwy, fel nifer o wledydd y byd, yn ceisio datblygu brechlyn. Yn anffodus, mae'r mochyn daear yn gocyn hitio amlwg a chyfleus i'r llywodraeth, ond diolch byth, mae'r Uchel Lys wedi defnyddio synnwyr cyffredin yn y ddadl.

••••••••••••••••••••••••••••••••••••••••••••••••••••••••••••••••••••••••

## GORFFENNAF 16

Tref nad ydw i wedi treulio llawer o amser ynddi o'r blaen yw Caerfyrddin, tref hynaf Cymru yn ôl yr arbenigwyr. Ar ôl treulio dau ddiwrnod yno'n ffilmio rhaglen ar gyfer y gyfres *Bro* ar S4C, gallaf ddweud yn hyderus ei bod yn dref hyfryd â chyfleusterau hen a newydd, a digonedd o gymeriadau Cymraeg. Dechreuais fy nhaith yn y farchnad newydd yn cyfweld â rhai o'r stondinwyr sy'n gwerthu pob math o nwyddau, o fenyn cartref i gig moch, ac o bys ffres i gacennau blasus. Dwi wrth fy modd yng nghanol bwrlwm marchnad, a braf oedd gweld nifer o drigolion yr ardal yn gwneud ymdrech i ddod i'r dref i brynu nwyddau lleol.

Ddoe, mi fues yn ymweld â milfeddygfa ar gyrion y dref, ac yn ogystal â sgwrsio â rhai o'r gweithwyr, cefais wylio rhai o'r llawdriniaethau a gyflawnir gan y milfeddyg yn ddyddiol. Fel mae'n digwydd, roedd ci *Great Dane* anferth yn cael ei sbaddu pan oeddwn i yno, ac er i'r weithred wneud i mi deimlo'n reit anghysurus, difyr oedd gwylio'r holl broses, yn enwedig gan mai milfeddyg oeddwn i eisiau bod pan oeddwn yn fachgen bach. Yn anffodus, doedd dim digon yn fy mhen, a doeddwn i ddim yn mynychu'r ysgol yn ddigon aml yn fy arddegau i basio'r arholiadau. Llawer pwysicach ar ddiwrnod braf bryd hynny oedd sleifio allan i bysgota neu edrych am nythod adar.

Yn y prynhawn, wrth ffilmio mewn caffi Cymraeg hyfryd, cyrhaeddodd newyddion trist fod ffrind agos imi, Lowri Gwilym, wedi dioddef gwaedlif ar yr ymennydd y diwrnod cynt a'i bod yn ddifrifol wael yn yr ysbyty yng Nghaerdydd. Mae Lowri'n gweithio fel pennaeth rhaglenni ffeithiol S4C, sef yr adran sy'n comisiynu'r rhaglenni natur y bydda i'n rhan ohonynt. Cyn hynny, roedd hi'n gweithio i adran ffeithiol y BBC yng Nghaerdydd, ac ers imi ddechrau yn y byd teledu ddeuddeng mlynedd yn ôl, mae hi wedi bod yn gefnogol tu hwnt ac yn ddylanwad mawr ar fy ngyrfa. Fel merch beniog iawn, mae salwch fel hyn yn anhygoel o greulon, ond dwi'n gweddïo y caiff wellhad llwyr ac y bydd gartref gyda Meic a'r bechgyn mewn dim o dro.

## GORFFENNAF 19

Ddoe, mi fues gyda Steve Roberts, arbenigwr Cymru ar foda'r mêl, yn chwilio am nythod yr adar swil yma. Ddegawd yn ôl, roedd dros ddwsin ohonom yn mynd i chwilio am y boda, ond erbyn heddiw dim ond Steve a minnau sy'n chwilota coedwigoedd canolbarth a gogledd Cymru. Yn ffodus, gwelsom aderyn yn cario llyffant yn ôl i'w nyth, ac ar ôl dringo'r goeden cawsom fod un cyw ac un ŵy ar fin deor yn y gwpan glyd. Roeddem yn disgwyl gweld cywion o leiaf dair wythnos oed, a chawsom ychydig o banig gan fod y cyw mor ifanc, ond daeth Steve i lawr o'r goeden fel milgi, ac mewn dim o dro roedd y fam yn eistedd ar y nyth unwaith eto.

Symudais i safle addawol arall gerllaw rhag ofn fod mwy o barau o gwmpas, ond a dweud y gwir, treuliais fwy o amser yn bwyta llus nag yn gwylio'r awyr, ac mewn dim o dro roedd fy mysedd a 'ngheg yn borffor llachar. Dwi wrth fy modd yn bwyta llus, a'r adeg yma o'r flwyddyn – rhwng y ffrwythau a'r planhigion bwytadwy eraill sydd o gwmpas – gallai rhywun fyw yn y gwyllt am benwythnos yn eithaf hawdd. A dweud y gwir, pan oeddwn yn gweithio oriau hir yn y maes, byddwn yn crwydro'r mynyddoedd a'r coedwigoedd ac yn bwyta llus, suran y coed, cnau daear a phob math o blanhigion eraill; ac yn yfed dŵr oer, clir nentydd Cymru – y dŵr gorau yn y byd hyd yn oed os yw defaid yn gwneud eu busnes ynddo!

Heddiw, mi fues yn y Sioe Frenhinol yn Llanelwedd am y tro cyntaf ers imi adael yr RSPB ddeuddeng mlynedd yn ôl. Bryd hynny, roedd yn rhaid imi wisgo crys a thei a chwysu mewn pabell am bedwar diwrnod. Nawr, diolch byth, mynd yno i fwynhau oeddwn i, a hynny mewn pâr o siorts a chrys-T. Mewn dim o dro, roeddwn wedi cwrdd â hen ffrindiau o ardal Machynlleth; ac ar ôl awr, dim ond rhyw ganllath oeddwn i wedi eu cerdded gan fod cynifer o bobl yr oeddwn i'n eu hadnabod o gwmpas. Beth sydd mor wych am y Sioe, a'r Eisteddfod hefyd, yw eich bod yn dod ar draws pobl nad ydach chi wedi eu gweld ers blynyddoedd; ac fel Cymry, rydan ni'n bobl sydd wrth ein boddau yn cloncian. Cofiwch, doedd y ddau fab ddim yn rhy hapus, ac ar ôl tair awr o gerdded o gwmpas yn araf fel malwod, roedden nhw wedi cael llond bol.

## GORFFENNAF 23

Echdoe, daeth y newyddion trist fod Lowri Gwilym wedi marw. Ffoniodd ffrind o'r BBC wrth imi yrru i'r ganolfan hamdden, a bu'n rhaid imi stopio'r car am bum munud er mwyn treulio'r newyddion syfrdanol. Druan o Lowri, a druan o'i phartner, Meic a'r bechgyn, Ifan a Glyn. Roedd Lowri wastad yno'n glust i mi pan oeddwn eisiau sgwrsio am ryw gyfres neu unrhyw broblem broffesiynol, ac mae fy nyled iddi yn anferth. Rydan ni'n ffodus nad ydan ni'n gwybod beth sydd o'n blaenau o ddydd i ddydd.

Cawsom ein glaw trwm cyntaf am fisoedd lawer yr wythnos yma, sy'n newyddion drwg i ffermwyr gwenith yr ardal. Fore ddoe, roedd llawer o'r cnydau'n wastad ar y caeau, ond os cawn ni haul dros yr wythnosau nesaf, byddant yn sychu ac yn codi ar eu traed unwaith eto. Dim ond yn y perthi trwchus o amgylch y caeau y bydda i'n gweld melyn yr eithin y dyddiau yma, aderyn a oedd unwaith yn gyffredin iawn ar ffermdir a ffriddoedd Cymru.

Er gwaetha'r ffaith fod llwyni pili-palas, neu *buddleias*, yn blodeuo'n brydferth mewn nifer o erddi yn y pentref, ychydig iawn o ieir bach yr haf sydd i'w gweld arnyn nhw. Ar ôl dau haf diflas iawn, roeddwn i'n gobeithio bod tywydd sych y gwanwyn yn mynd i wneud gwahaniaeth i'r glöynnod, ond does dim tystiolaeth o hyn eto. Dim ond degawd yn ôl, byddai blodau'r llwyni yn drwch o ieir bach amryliw a'r peunog, ond y dyddiau yma maent yn gymharol brin. Yn haul llachar bore ddoe, dim ond dwy iâr fach wen oedd yn torheulo ac yn bwydo ar y blodau.

Mae'n amlwg fod llwynogod ifanc yn dechrau crwydro ymhell o'u tyllau yr adeg yma o'r flwyddyn gan fod dwsinau ohonyn nhw'n cael eu lladd ar ein ffyrdd. Wrth yrru i Borthmadog ddoe, gwelais gyrff tri ohonynt ar yr A470 yn ogystal â phedwar mochyn daear a dau ddraenog. Mae cadw cofnodion o ysgerbydau fel hyn yn un ffordd o fonitro poblogaethau anifeiliaid gwyllt. Er enghraifft, wrth i boblogaeth dyfrgwn gynyddu, mae niferoedd yr anifeiliaid sy'n cael eu lladd ar ein ffyrdd yn cynyddu hefyd, ac mae'r un peth yn wir am foch daear.

Roedd ffilmio'r rhaglen *Bro* ym Mhorthmadog yn dipyn o hwyl, yn enwedig gan fy mod wedi yfed peint o gwrw 'Mŵs Piws' a bwyta dwy gacen hyfryd yn rhan o 'ngwaith! Mae ffilmio, yn enwedig ffilmio bywyd gwyllt, yn golygu gweithio diwrnodau hir – yn aml oddi cartref – ond weithiau rydach chi'n cael diwrnodau bendigedig fel ddoe ac yn cael eich talu am fwyta, yfed ac eistedd yn yr haul yn sgwrsio. Cofiwch, petasai pob diwrnod fel hyn, mi fuaswn i'n pwyso ugain stôn mewn dim o dro.

## GORFFENNAF 26

Cefais sioe fendigedig o helyglys pinc llachar ar hyd ochr y ffordd wrth imi yrru o amgylch cymoedd Gwent heddiw. Ffilmio cudyll coch yn hofran oedden ni, ond nid yw mor hawdd dod o hyd iddynt y dyddiau yma gan fod eu niferoedd wedi gostwng yn sylweddol. Fel rheol, naill ai ar hyd ein traffyrdd neu wrth yr arfordir y bydda i'n dod ar eu traws, ond diolch byth, roedd digon i'w gweld ar yr ucheldir o amgylch Blaenafon a Fochriw. Yn wir, buom yn ddigon ffodus i ffilmio un yn hofran, cyn disgyn fel carreg i'r ddaear a dal llygoden bengron ymysg y brwyn rhyw ddeugain metr o'n blaenau.

Mi fues i hefyd yn ffilmio yng nghoed hynafol Pen-hw, un o warchodfeydd natur Ymddiriedolaeth Natur Gwent. Mae mewn lle diarffordd, wedi ei guddio ar hyd lonydd bach cul, ond mae'n werth chwilota amdano gan ei fod y peth agosaf at jyngl yng Nghymru. Mae'r coed a'r llwyni wedi cael rhyddid i dyfu'n eithaf gwyllt, a bydd unrhyw goeden farw yn gorwedd yno nes ei bod yn pydru. Ym mis Gorffennaf, does fawr ddim o adar i'w gweld na'u clywed, ond mae'n frith o ffyngau a phryfetach; ac ar ochr y llwybr sy'n rhannu'r coed, mae olion moch daear i'w gweld ym mhob man. Mae'n hawdd dychmygu un o hen dywysogion Cymru'n hela'r baedd gwyllt a'r blaidd mewn lle fel hyn!

Fel Cymry Cymraeg, rydan ni'n tueddu i anwybyddu Gwent yn aml iawn, ond o safbwynt bywyd gwyllt mae'n sir gyfoethog tu hwnt. O fewn ei ffiniau, mae rhai o'r caeau gwair traddodiadol gorau ym Mhrydain, a'r rheini'n llawn tegeirianau; a cheir coedwigoedd hynafol, gwlyptiroedd ac afonydd cystal ag unrhyw le arall yn y wlad. O safbwynt adar, mae'n gadarnle i'r gwalch Marthin, hebog yr ehedydd, y gylfinbraff, y cambig, y titw barfog... mae'n rhestr faith.

## GORFFENNAF 30

Lle arbennig yw Sir Benfro, yn enwedig yr ardal o amgylch Tyddewi, ac yno y bues am ddau ddiwrnod yn ffilmio ar gyfer *Bro*. Roedd y gweithgareddau i mi a Shân yn cynnwys gwneud hufen iâ, marchogaeth trwy gefn gwlad hyfryd a chael hwyl yn llywio ar hyd yr arfordir, neu *coasteering* i chi a fi. Mae hyn yn golygu neidio i'r môr a chropian ar hyd y clogwyni, weithiau wrth i'r tonnau dorri dros eich pen. Mae'n wefreiddiol ac yn hwyl, ac mi fydda i'n siŵr o ddychwelyd yn fuan gyda'r teulu.

Bron bob tro y bydda i'n teithio i berfeddion Sir Benfro, mae'r haul yn tywynnu'n braf. Does dim ots os yw hi'n bwrw glaw yn drwm yn y Canolbarth, gallwch fentro y bydd yr haul yn disgleirio yn ardal Tyddewi. Er gwaetha'r mewnlifiad o'r ochr arall i'r ffin, mae ambell Gymro lleol yn parhau i fyw yn yr ardal; ac wrth gerdded o amgylch dinas leiaf Prydain, roedd ymwelwyr Cymraeg yn amlwg hefyd, nifer ohonynt o ogledd Cymru. Pe gallem ddibynnu ar y tywydd, ni fyddai angen inni fentro dros y dŵr i gael gwyliau hwylus, am fod popeth gennym yma yng Nghymru.

Heddiw, teithiais i Aberystwyth ar gyfer angladd Lowri Gwilym. Dwi'n casáu angladdau. Pan fydda i farw, dwi eisiau i rywun balu twll, rhoi fy nghorff i mewn, plannu derwen yn y pridd, a gadael. Dwi ddim eisiau unrhyw ganu, areithiau na theyrnged, dim ond derwen i sugno'r maeth o'm corff. Roedd angladd Lowri yn un trist iawn, ond buasai wedi bod yn falch iawn o'i bechgyn ac o'i phartner, Meic, a dalodd deyrnged wych iddi. Roedd nifer o bobl yn yr amlosgfa, bu gofyn i tua chant ohonom sefyll y tu allan; ac yn ystod y weddi ar derfyn y gwasanaeth, hedfanodd barcud coch uwchben. Byddai hynna wedi plesio Lowri'n fawr.

Wrth yrru adref, penderfynais ddilyn fy nhrwyn ar hyd lonydd bach y wlad er mwyn cael synfyfyrio. Roedd helyglys hardd a phêr yn blodeuo ar hyd y cloddiau, yn ogystal â chribau San Ffraid gyda'u blodau porffor; a llin y llyffant, un o flodau olaf ac amlycaf yr haf ymysg y glaswelltir ar hyd ochr ein ffyrdd. Ynghyd â channoedd o esgyll a'r bengaled, roedd digonedd o liw i godi 'nghalon er gwaetha'r cymylau llwyd uwch fy mhen.

GORFFENNAF

▲ Criw Pantri Blakeman a minnau am lenwi 'mol yng Nghaerfyrddin ar gyfer *Bro*.

▲ Shân a fi'n wlyb at ein crwyn yn arfordir-lywio yn Nhyddewi.

◀ Welodd Tyddewi'r fath sioe gan ddau mor ddeniadol.

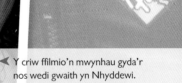

◀ Y criw ffilmio'n mwynhau gyda'r nos wedi gwaith yn Nhyddewi. Cefn: Geraint Jones, Terwyn Davies, fi, blaen: Cath Ayres, Shân a Cheryl Jones.

▲ Gŵyl neu 'Eisteddfod' yr Indiaid.

➤ Gordewdra, un o afiechydon y to ifanc yn America.

▲ Un o lwyth y Cherokee.

➤ Tîpi hardd y Blackfoot.

Y cowbois a'r rodeo.

Rhedeg y ceffylau gwyllt trwy dref Browning.

Welson ni ddim un chwaith . . .

Y cerflun sy'n dynodi ffin tir y Blackfoot.

Bear Country

All Wildlife Is Dangerous
Do Not Approach Or Feed

# Awst

## O Lynebwy i Wlad Thai: yr Eisteddfod, fy mhen-blwydd a phlymio

## AWST 3

Mae'r Eisteddfod Genedlaethol yng Nglynebwy eleni, a ddoe mi fues yno am y diwrnod i helpu ar stondin Traveline Cymru, corff sy'n cael ei ariannu gan Lywodraeth y Cynulliad ac sy'n annog pobl i ddefnyddio trafnidiaeth gyhoeddus. Dyma'r tro cyntaf erioed imi sefyll yn fy unfan am oriau yn yr Eisteddfod, ond mae'n ffordd wych o weld hen ffrindiau nad ydach chi wedi eu gweld ers blynyddoedd a chreu rhai ffrindiau o'r newydd.

Dyma'r Eisteddfod gyntaf imi glywed bron cymaint o Saesneg ag o Gymraeg yn cael ei siarad ar y maes, ac yn fy marn i – mae hyn yn beth da. Mae'n dangos bod dysgwyr, Cymry di-Gymraeg ac ymwelwyr yn dangos diddordeb yn ein hiaith a'n diwylliant; ac yn wir, cefais gyfle i ymweld â phabell y dysgwyr tua diwedd y prynhawn a'r lle dan ei sang. Roedd yn galonogol cwrdd â nifer o ddysgwyr yn ymdrechu i siarad Cymraeg, rhai ohonynt yn byw ym mherfeddion Lloegr, ac un ddynes wedi dysgu dros y we yng Nghalifffornia!

Dyma pam fod Radio Cymru ac S4C mor bwysig, nid yn unig i ni fel siaradwyr Cymraeg, ond i ddysgwyr hefyd. Ar hyn o bryd, diolch i ymadawiad y Prif Weithredwr a ffigurau gwylio isel, mae'r sianel o dan bwysau mawr, ond mae'n hanfodol bwysig fod darlledu Cymraeg yn parhau ar y radio ac ar y teledu, a'n bod yn gwneud rhaglenni o'r safon uchaf posibl.

Cefais nifer fawr o bobl yn dod draw am sgwrs, nid am deithio cyhoeddus ond am fyd natur. Mi fydda i wrth fy modd yn cael cyfle i eistedd a sgwrsio fel hyn dros baned; a dweud y gwir, dwi'n edrych ymlaen at ymddeol er mwyn cael eistedd mewn caffi drwy'r dydd a rhoi'r byd yn ei le gyda ffrindiau.

Heddiw oedd y tro cyntaf imi ymweld â'r Drenewydd heb glywed gwenoliaid duon yn sgrechian wrth hedfan uwchben. Ers pythefnos bellach, mae dwsinau ohonyn nhw wedi bod yn rasio uwchben y stryd fawr yn sugno cannoedd o bryfed o'r awyr yn barod ar gyfer y daith hir yn ôl i'r Affrig. Mae'r wennol ddu yn un o'r adar olaf i gyrraedd Cymru ym mis Mai, ac yn un o'r cyntaf i adael, a bydd yr awyr yn ymddangos yn wag iawn hebddynt.

• • • • • • • • • • • • • • • • • • • • • • • • • • • • • • • • • • • • • • • • • • • • • • • • • • • • • • • • • • • • •

## AWST 5

Ddoe, mi fues i yng nghanolfan wyliau Bluestone yn Sir Benfro i ddathlu partneriaeth ddwy flynedd rhyngddi ac Ymddiriedolaeth Natur De a Gorllewin Cymru. Dwi'n cofio'r stŵr yn y papurau ryw dair blynedd yn ôl pan oedd y pentref gwyliau yn cael ei gynllunio. Un o'r pryderon mawr bryd hynny oedd y byddai'n graith erchyll ar ardal mor hardd, ond i fod yn deg â'r perchennog, mae'r adeiladau a'r cabanau i gyd yn cydweddu â'r dirwedd.

Roedd hi'n agoriad llygad i mi weld bod cydweithredu agos iawn wedi bod rhwng yr Ymddiriedolaeth a Bluestone o'r dechrau, ac o'r herwydd mae'r lle yn gynefin gwell i fywyd gwyllt nag yr oedd cyn hynny. Bryd hynny, fferm gwartheg llaeth oedd y safle, ond penderfynodd y perchennog roi'r ffidil yn y to ac agor parc gwyliau. Wrth gerdded o gwmpas, roedd pobl yn mwynhau'r gweithgareddau di-ri', ond hefyd roedd digonedd o goed, blodau a phyllau wedi cael eu plannu a'u creu ar gyfer y glöynnod byw a'r cacwn a oedd yn amlwg iawn yn yr heulwen boeth.

Mae gen i barch mawr at staff yr ymddiriedolaethau o amgylch Cymru. Does dim un ohonynt yn ennill arian mawr, ond mae pob un yn wybodus ac yn frwdfrydig gan eu bod yn gweithio dros rywbeth y maent yn ei garu. Y dyddiau yma, mae digonedd o fudiadau, gan gynnwys mudiadau cadwraethol, yn llawn o bobl sy'n meddwl am eu gyrfaoedd eu hunain yn hytrach na'r bywyd gwyllt.

Mae Tomos, y mab ieuengaf, wedi cael ei ddewis i chwarae pêl-droed i dîm ifanc Amwythig, felly dwi'n ei gludo dros y ffin ddwywaith yr wythnos i ymarfer. O leiaf mae'n rhoi cyfle imi gerdded mewn tirwedd wastad, llawn cnydau fel gwenith a barlys, rhywbeth digon anghyfarwydd yng Nghymru y dyddiau yma. Ar hyn o bryd, ysguthanod yw'r adar mwyaf niferus o gwmpas y lle, a does dim un blodyn i'w weld yn y caeau, gan fod cymaint o blaladdwyr wedi'u chwistrellu ar y cnydau fwy na thebyg.

Mae'n ddigon tawel o amgylch y tŷ ar hyn o bryd hefyd, ond yn ystod y dyddiau diwethaf, mae'r ardd wedi bod dan ei sang gyda chywion bach. Bu'n rhaid imi achub cyw aderyn y to o geg cath echdoe; a'r bore 'ma, hedfanodd cyw bronfraith a tharo'r ffenestr gefn. Ar ôl rhyw ddwy awr, daeth ato'i hun a hedfanodd i ffwrdd yn ddigon simsan i ddiogelwch y berth drwchus gerllaw. Yn ffodus, doedd cath drws nesaf ddim o gwmpas, ond neithiwr roedd cyw tylluan frech yn sgrechian o ben y to. Roeddwn i wrth fy modd yn ei glywed, ond doedd Ceri, y wraig ddim cweit mor falch o gael ei deffro am dri o'r gloch y bore!

• • • • • • • • • • • • • • • • • • • • • • • • • • • • • • • • • • • • • • • • • • • • • • • • • • • • • • • • • • • • • • • •

## AWST 9

Ar ôl dwy flynedd drychinebus, mae nifer o'r adar wedi mwynhau tymor nythu llwyddiannus, gan gynnwys y gwenoliaid. Wrth iddi nosi heno, roedd cymylau ohonynt yn hedfan yn chwim uwchben y cae yng nghefn y tŷ ac yn bwydo ar wybed bach a oedd wedi codi o'r tyfiant yn y gwres. Er iddi fod yn wlyb yn ystod y mis diwethaf, mae'r tymheredd wedi bod yn uchel, sy'n gymorth mawr i'r adar sy'n bwydo ar bryfetach. Am y tro cyntaf ers tair blynedd, mae pâr o wenoliaid wedi nythu mewn garej ceir yng nghanol y Drenewydd, a'r perchennog wrth ei fodd o'u gweld yn dychwelyd yno. Pan gerddais heibio heddiw, roedd pedwar pen â phig anferth gan bob un yn edrych dros ymyl y gwpan o fwd, yn aros yn ddiamynedd i'r rhieni ddychwelyd gyda bwyd.

Pan oeddwn i'n byw ar gyrion y Drenewydd, ddegawd union yn ôl, byddwn yn rhedeg ar hyd yr hen gamlas yn gyson; ond nawr ein bod yn byw ychydig filltiroedd i ffwrdd, mi fydda i'n tueddu i redeg ar hyd lonydd tawel o amgylch y pentref. Heddiw, fodd bynnag, rhedais ar hyd y gamlas o Aber-miwl i'r Drenewydd, rhyw chwe milltir i gyd.

Caeodd y gamlas yn 1936, a byth ers hynny, mae wedi bod yn baradwys i fywyd gwyllt – yn enwedig i weision y neidr a mursennod. Wrth imi redeg heddiw, roedd dwsinau ohonyn nhw'n hedfan yn ôl ac ymlaen uwchben y dŵr yn hela pryfetach. Y mwyaf ohonynt i gyd yw'r ymerawdwr, gwas y neidr lliwgar sy'n ymddangos tua chanol yr haf, ac wrth imi redeg ar hyd y llwybr glaswelltog, roedd ambell un yn fy nilyn er mwyn bwydo ar y pryfed a oedd yn codi o'r tyfiant.

Y byddon chwerw yw un o'r planhigion amlycaf ar y gamlas, a'i flodau'n gyforiog o chwilod, pryfed a glöynnod byw. Gwelais o leiaf hanner dwsin adain garpiog a dwy fantell goch yn bwydo ar y neithdar, pob un yn edrych yn odidog yn yr heulwen braf. Roedd digonedd o jac y neidiwr yn tyfu yno hefyd, planhigyn estron sy'n dod yn wreiddiol o ddwyrain Asia. Mae'n carpedu ochrau ein hafonydd a'n camlesi, ac yn tagu planhigion cynhenid; ond clywais wenynwr yn dweud un tro fod y blodau pinc yn fwyd gwerthfawr i'w wenyn yn hwyr yn yr haf fel hyn. Dwi ddim yn hoff ohonynt oherwydd y difrod maen nhw'n ei wneud, ond rhaid cyfaddef bod pob math o wenyn a chacwn yn mynd at y blodau wrth imi redeg heibio.

## AWST 12

Mae blodau melyn llysiau'r gingroen yn amlwg iawn ar hyn o bryd. Dyma un o brif elynion tirfeddianwyr a'r cynghorau lleol gan ei fod yn wenwynig i anifeiliaid fel ceffylau os caiff ei fwyta. Mae'r cynghorau'n gwario miloedd yn difa'r planhigion ar hyd ochrau'r ffyrdd drwy gydol yr haf, ond mae'n dal i fod yn ddigon cyffredin. Dwi'n ddigon hoff o'r blodau melyn llachar gan eu bod yn denu pob math o bryfetach fel pryfed hofran, chwilod, glöynnod byw a gwyfynod; ac mae'n fwyd pwysig gan fod y rhan fwyaf o flodau gwyllt y wlad wedi gwywo erbyn canol Awst.

Treuliais y ddau ddiwrnod diwethaf yn ffilmio yn ardal Bethesda, pentref a ffynnodd yn anterth y diwydiant llechi dros ganrif yn ôl, ond sydd erbyn heddiw wedi gweld dyddiau gwell. Serch hynny, mae'n llawn cymeriadau difyr, ac roedd hi'n braf cael amser i gerdded o gwmpas y siopau a'r caffis i sgwrsio. Mae Caffi Coed y Brenin yn cyflogi pobl sy'n dioddef o syndrom Down, a chawsom ginio blasus a diddorol dros ben yna ddoe. Roedd y merched yn ddrygionus tu hwnt, a dwi ddim wedi chwerthin cymaint ers tro, yn enwedig pan ddawnsiodd un ohonyn nhw i gerddoriaeth Michael Jackson yng nghanol yr ystafell fwyta!

Braf yw gweld pobl yn ceisio agor busnesau newydd mewn pentref fel Bethesda, yn enwedig adeg argyfwng ariannol. Er bod miloedd wedi colli eu gwaith yn y diwydiant llechi yn ardal Bethesda dros y degawdau, mae digonedd o gymeriadau diddorol yn dal i fyw yn y pentref, a chafodd un hen ddynes sioc a hanner yng nghaffi Seren ar y Stryd Fawr pan gerddodd Shân Cothi i mewn a chanu 'Pen-blwydd Hapus' iddi. Nid pawb sy'n cael seren *West End* yn rhoi cân bersonol iddyn nhw o flaen eu ffrindiau dros baned o de.

Mae Ceri a minnau'n gwneud paratoadau munud olaf cyn gadael i fynd am wyliau i Wlad Thai gyda'r bechgyn. Mi fues i yno fy hun yn 1988, a bydd yn ddifyr gweld sut mae'r wlad wedi newid yn ystod yr ugain mlynedd diwethaf. Dwi'n cofio Bangkok yn ddinas swnllyd, fudr; ac ardal Phuket yn baradwys o draethau euraidd tawel, ond dwi'n sicr y bydd nifer o westai a bwytai wedi'u hadeiladu ers imi fod yno.

## AWST 18

Wel, mae Bangkok wedi newid er gwell. Mae'r ddinas yn lanach o lawer ac mae'n fwy diogel i rywun gerdded ar hyd y strydoedd gyda'r nos. Mae'n parhau i fod yn ddinas brysur, swnllyd; ac erbyn hyn, mae'r boblogaeth wedi cyrraedd pymtheng miliwn. Mae'n agoriad llygad i'r bechgyn, ond maen nhw'n mwynhau yn fawr, yn enwedig gan fod yr haul yn tywynnu a bod pwll nofio yn y gwesty.

Mae Tomos wrth ei fodd gyda madfallod, a phob nos, wrth gerdded yn ôl o'r tai bwyta, mae fel rhyw heliwr brwd yn chwilota am y gecoaid sy'n cael eu denu at y goleuadau gan y cannoedd o bryfetach sy'n hedfan o'u cwmpas. Mae traed y madfallod yma wedi'u haddasu i'w galluogi i gerdded i fyny gwydr a waliau, ond chwarae teg i Tomos, mae'n dal ei siâr ohonynt cyn eu gadael yn rhydd.

Yr unig adar amlwg yn y ddinas yw golfanod y mynydd, sy'n byw fel adar y to yng Ngwlad y Thai; a'r *Brahminy mynah*, perthynas agos i'r *mynahs* sy'n cael eu gwerthu mewn siopau anifeiliaid anwes ac sy'n gallu siarad cystal ag unrhyw barot. Yn eironig, mae golfanod y mynydd yn prinhau'n arw ym Mhrydain, ond yma – gan fod digonedd o hadau o gwmpas – maen nhw'n ffynnu.

Canol y tymor gwlyb yw hi yng Ngwlad Thai ar hyn o bryd, ond diolch byth, mae'n ddigon cynnes yn ystod y dydd a'r glaw yn cwympo'n bennaf yn y nos. Cofiwch, bydd hi'n bwrw'n drwm iawn, ond yn wahanol i Gymru – mae'n law trofannol a chynnes – ac mae rhywbeth pleserus iawn mewn cerdded y strydoedd yn y nos, goleuadau llachar ym mhob man, a'r glaw yn taranu ar eich pen. Yn syfrdanol, bydd y dŵr i gyd wedi diflannu erbyn y bore, a'r strydoedd yn sych fel petai'r ddaear heb weld glaw ers misoedd.

## AWST 22

Pen blwydd hapus i fi. Dwi'n 48 oed heddiw, a minnau byth yn meddwl y buaswn yn cyrraedd 40 heb sôn am bron i hanner cant. Does dim syniad gen i ble'r aeth y blynyddoedd i gyd, ond dwi'n cofio digon i wybod fy mod wedi eu mwynhau'n fawr ac yn dal i wneud hynny heddiw, felly fydda i ddim yn poeni am y ffaith 'mod i'n heneiddio'n ddyddiol. Wedi dweud hynny, mae'n boen fod y gwallt a oedd unwaith mor drwchus ar fy mhen fel petai wedi mudo i 'nghlustiau a 'nhrwyn...

Rydym wedi hedfan o Bangkok i Ynys Phuket yn ne-orllewin Gwlad Thai lle mae'r traethau'n fendigedig, y bobl yn gyfeillgar, y bwyd lleol yn flasus a'r chwilod *cockroach* tua'r un maint â chathod! Mae'r hogiau wrth eu boddau yn ceisio'u dal yn y tai bwyta a'r gwestai, ond mae'r chwilod yma wedi bod ar wyneb y ddaear am filiynau o flynyddoedd, ac yn gallach o lawer na dau Gymro ifanc eiddgar. Dywed gwyddonwyr mai'r *cockroach* fydd un o'r ychydig greaduriaid i oroesi rhyfel niwclear, ac mae'n hawdd credu hynny o edrych ar y ffordd maen nhw wedi addasu i gyd-fyw â phobl. Mae chwilen ym mhob twll a chornel yma, ac wrth fwyta heno, brysiai un fawr allan o hollt yn y ddaear i larpio darnau o reis a gwympai i'r llawr.

Ar y ffordd yn ôl i'r gwesty, gwelsom bry' cop anferth yn hongian o we ar ochr wal siop. Dwi'n hoff iawn o'r creaduriaid yma, ond roedd hwn yn edrych yn ffyrnig o wenwynig, a doedd y bechgyn na finnau ddim yn barod i'w aflonyddu heb reswm da. Pan oedden yn edrych ar y corryn, daeth teulu ifanc allan o'r siop yn siarad llond ceg o Gymraeg. Ar ôl clywed dim byd ond yr iaith Thai, Almaeneg, Saesneg a Ffrangeg am wythnos, roedd hi'n braf clywed iaith y nefoedd mor bell oddi cartref. Fel mae'n digwydd, teulu o Riwbeina yng Nghaerdydd oedden nhw, yn aros yn yr un gwesty â ni. Tydi'r byd yma'n fach! Tydan ni Gymry ym mhobman!

## AWST 25

Ar ôl dysgu sut i blymio ddwy flynedd yn ôl, mi fydda i'n ceisio cael o leiaf un diwrnod i wneud hyn ar wyliau tramor, a ddoe mi fues ar Ynys Raya ryw filltir o'r arfordir. Roeddwn i am blymio o dan y dŵr ddwy waith, unwaith i fynd yn eithaf dwfn , ond y tro cyntaf i fynd o amgylch rîff cwrel i weld y miloedd o bysgod lliwgar oedd yno. Ar ôl cyflwyniad syml i blymio, daeth Dewi gyda fi, a rhaid dweud iddo fod yn wych o dan y dŵr. Y gyfrinach yw peidio â mynd i banig beth bynnag sy'n digwydd, ond diolch byth, nid aeth dim o'i le, ac roedd Dewi a minnau yn gallu mwynhau'r anifeiliaid lliwgar o'n cwmpas dan hyfforddiant plymiwr lleol profiadol.

Mae plymio moroedd Cymru'n wych, ond mae gwneud hyn dramor fel nofio mewn acwariwm sy'n llawn o bysgod lliwgar. Gwelsom ddwsinau o wahanol fathau o bysgod o bob siâp, gan gynnwys pysgodyn sgorpion gwenwynig, pysgod blwch (gan eu bod yn sgwâr fel blwch), pysgod porciwpein, llysywod lliwgar, ciwcymbyr môr mawr du, a chant a mil o bysgod bychain yn llochesu ymysg y cwrel. Yr ail dro, plymiais gyda'r hyfforddwr i safle dau longddrylliad tua ugain metr o dan yr wyneb lle'r oedd pysgod mwy o faint yn cuddio, gan gynnwys pysgod parot gyda'u pigau miniog a baraciwdas gyda'u dannedd mawr, miniog. Does dim dwywaith fod plymio yn agor eich llygaid i fyd hollol wahanol.

Tra oeddwn i a Dewi o dan y tonnau, roedd Tomos yn snorclo uwchben y rîff ac yn cael llawn cymaint o hwyl gan iddo weld llond trol o bysgod lliwgar. Roedd wrth ei fodd ar yr ynys fechan hefyd, yn bennaf gan fod madfallod monitor mawr yn byw yno, a bu'n ddigon ffodus i weld un yn croesi'r llwybr o'i flaen. Diolch byth, roedd y fadfall yn symud yn rhy gyflym i Tomos ei dal, neu dwi'n credu y buasai wedi cael noson neu ddwy yn ysbyty Phuket. A lle oedd Ceri tra oedd hyn yn digwydd? Ar y traeth yn torheulo, wrth gwrs... ma' pawb angen mwynhau ar wyliau.

Mae pawb yn gyfarwydd â'r jôcs am yr Almaenwyr, nad oes unrhyw hiwmor yn perthyn iddyn nhw a'u bod yn rhoi tywelion ar welyau torheulo cyn i neb arall godi. Wel, doeddwn i erioed wedi dod ar draws hyn cyn y gwyliau yma, ond ar ôl wythnos a hanner yng Ngwlad Thai, gallaf ddweud bod y ddau beth yn wir. Er i ni godi i gael brecwast am wyth bob bore, mae'r Almaenwyr wedi bod allan yn barod i roi eu tywelion ar y gwelyau. Hefyd, maen nhw'n trin y bobl leol sy'n gweithio yn y gwesty fel caethweision, ac alla i ddim dioddef hynny. Mae'r bobl Thai yn gynnes, yn groesawgar ac yn weithgar iawn, a dwi ddim yn deall sut ar y ddaear maen nhw'n gallu brathu eu tafodau a hwythau'n gorfod delio ag ymwelwyr digywilydd fel nifer o'r Almaenwyr hyn. Gobeithio mai nifer fechan ohonyn nhw sy'n ymddwyn fel hyn, ac y caf innau groeso cynnes os daw cyfle i ymweld â'u gwlad nhw ryw ddiwrnod. Cawn weld.

• • • • • • • • • • • • • • • • • • • • • • • • • • • • • • • • • • • • • • • • • • • • • • •

## AWST 28

Dwi'n eistedd ym maes awyr Dubai yn aros i ddal yr awyren i Fanceinion. Wrth edrych yn ôl dros y gwyliau, does fawr o adar yn ymddangos yn y dyddiadur; ond lle i bobl, nid natur, yw Phuket a'i thraethau euraid, ei bwytai a'i gwestai. Serch hynny, gwelais eryr y môr yn hedfan uwchben fwy nag unwaith, a byddai llawer o wenoliaid ac ambell aderyn môr pellennig yn mynd heibio'r arfordir yn gyson. A dweud y gwir, gwelais fwy o adar ym maes awyr Bangkok nag a welais yng ngweddill Gwlad Thai gan ei fod wedi'i adeiladu ar wlyptir. Roedd dwsinau o grehyrod a hwyaid i'w gweld yn bwydo ymysg yr hesg, gan gynnwys y crëyr gwyn, aderyn sy'n ddigon cyfarwydd i ni yng Nghymru.

Y gwir yw fod y rhan helaethaf o gorstir a choedwigoedd Gwlad Thai wedi hen ddiflannu oherwydd dyn; erstalwm, byddai'r wlad i gyd wedi bod yn baradwys i fywyd gwyllt, a byddai anifeiliaid gwyllt fel y teigr a'r eliffant wedi ffynnu yma. Mae'n drist fod eliffantod gwyllt erbyn heddiw yn brin yn y wlad, a bod y teigr wedi hen ddiflannu, yn union fel yn nifer o wledydd eraill y Dwyrain Pell. Er gwaetha'r diffyg bywyd gwyllt, dwi wedi mwynhau dod yn ôl i Wlad Thai am y tro cyntaf ers bron i chwarter canrif, a bydd cynhesrwydd a'r wên gyson ar wynebau'r bobl yn aros yn y cof am amser maith.

Doeddwn i ddim yn disgwyl mwynhau Dubai, a dim ond ar y funud olaf y penderfynais ychwanegu dwy noson at y gwyliau er mwyn cael blas ar y wlad. Nawr, dwi'n falch iawn imi wneud hynny gan fod y teulu a minnau wedi mwynhau'n fawr. Mae'n wlad boeth, sych ond mae Dubai ei hun yn ddinas anhygoel, gydag adeiladau newydd sbon a phob math o gyfleusterau i dwristiaid. Does dim angen dweud bod Ceri wrth ei bodd yn un o ganolfannau siopa mwya'r byd, ond cafodd y bechgyn a minnau hwyl hefyd, yn sglefrio ar rew ac yn ymweld â sw tanfor yn y ganolfan. Dwi'n deall bod canolfan sgïo, parc dŵr a phob math o bethau eraill i'w gwneud yma hefyd, ond bydd rhaid i hynny aros tan yr ymweliad nesaf.

Tua diwedd pob gwyliau, bydd y meddwl yn dechrau troi am adref unwaith eto, a phopeth sy'n gysylltiedig â hynny. Bydd angen paratoi'r plant at yr ysgol, a bydd Ceri a minnau yn mynd yn ôl i'n gwaith ar ôl y penwythnos. O'r hyn dwi'n ei ddeall, mae Cymru fach wedi dioddef haf trychinebus arall, felly o leiaf mi fydda i'n cael mynd yn ôl i 'ngwaith gyda'r siorts a dangos pâr o goesau brown!

· · · · · · · · · · · · · · · · · · · · · · · · · · · · · · · · · · · · · · · · · · · · · · · · · · · · · · · · · ·

## AWST 31

Ac yn fy siorts yr ydw i heddiw, yn teithio i Gaerdydd ar y trên. Y tu allan, mae'r haul yn tywynnu'n braf, ond, yn anffodus, mewn swyddfa yn y BBC y bydda i drwy'r dydd. Wrth deithio ar hyd y ffin rhwng Cymru a Lloegr drwy Henffordd a'r Fenni, dwi'n gweld bod y ffermwyr wedi cynaeafu'r gwenith i gyd, ond o ystyried y tywydd gwlyb yn ystod y ddau fis diwethaf, mae'n siŵr mai cynhaeaf digon sâl a gafwyd. Mae patrwm y tywydd wedi bod yn gyson dros y pedair blynedd diwethaf, sef tywydd braf yn Ebrill a Mai, ond tywydd gwlyb yng Ngorffennaf ac Awst. Tybed ai fel hyn y bydd y tywydd o hyn ymlaen?

Cyrhaeddom faes awyr Manceinion nos Sadwrn a hithau'n law trwm ac yn noson oer, ond diolch byth, ers hynny mae'r diwrnodau wedi bod yn heulog a chynnes. Ddoe, aeth criw o 17 o'r pentref, yn oedolion a phlant, am dro rhyw bedair milltir ar hyd rhai o'r llwybrau sy'n croesi'r bryniau o amgylch y pentref. Braf oedd cael cyfle i fwynhau rhai o ryfeddodau natur fel pincas robin goch, a dangos i'r plant ei bod yn bosibl bwyta pob math o bethau ar hyd y perthi fel mwyar duon, dail suran y coed ac ambell fefusen wyllt hwyr hefyd. Ar ddiwedd y daith, roedd digon o amser i bicio i'r dafarn i fwynhau peint bach sydyn yn yr haul.

Roedd niwl tenau yn gorchuddio'r tir wrth imi yrru i Craven Arms i ddal y trên y bore 'ma, ac yma ac acw, roedd dwsinau o wenoliaid wedi ymgasglu ar y gwifrau. Mae'n bryd i nifer ohonynt baratoi am y daith hir yn ôl i Dde Affrica a Namibia, ac er na fydd y rhai olaf wedi'n gadael tan ddiwedd Medi, mae'r rhan fwyaf yn paratoi i fynd nawr. Mae'n drist gweld y wennol yn ein gadael gan ei bod yn un o'r arwyddion amlwg fod yr haf (os gallwn alw'r hyn gawsom ni eleni yn haf) wedi dod i ben, a bod nosweithiau llwm y gaeaf yn carlamu tuag atom. O'r niferoedd o adar a welais y bore 'ma, o leiaf mae'n ymddangos bod gwenoliaid wedi cael tymor nythu llwyddiannus.

➤ Mwynhau cwrdd â phobl yn Eisteddfod Glynebwy ar stondin Traveline Cymru.

▲ Shân a fi gyda Siôn Jones, un o bobl ddifyr yr ardal ym Methesda gyda *Bro*. Bu Siôn yn aelod o'r grŵp hynod boblogaidd Maffia Mr. Huws. Mae cerddoriaeth gyfoes wedi bod yn rhan annatod o'r ardal ers tro.

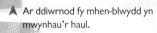
▲ Ar ddiwrnod fy mhen-blwydd yn mwynhau'r haul.

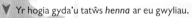
▼ Yr hogia gyda'u tatŵs *henna* ar eu gwyliau.

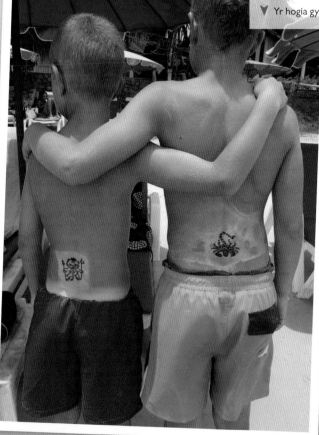

# Medi

## Brodorion Canada: hela mŵs, pysgota ac eirth duon

## MEDI 3

Ar ôl yr holl law ym mis Awst, mae tywydd Medi wedi bod yn fendigedig hyd yn hyn, ac rydan ni i gyd yn mwynhau haf bach Mihangel ar hyd a lled Cymru. Liw dydd, mae'r tymheredd dros ugain gradd celsiws, ond yn y nos mae'n gostwng hyd at bum gradd, ac mae hyn yn golygu bod niwl dros afon Hafren bob bore. Hefyd, mae'n golygu bod naws hydrefol i'r boreau, yn enwedig gan fod dail y coed derw o flaen y tŷ yn dechrau dangos ychydig o liw melyn ymysg yr holl wyrddni.

Yn y gwrychoedd o amgylch yr ardd, mae aeron yr ysgawen wedi troi'n borffor yn yr haul cynnes ac yn denu ysguthanod ac adar duon yn eu dwsinau. Mae cymydog imi'n gwneud ei orau glas i gyrraedd yr aeron cyn iddynt ddiflannu er mwyn gwneud gwin, ond ofer yw ei ymdrechion hyd yn hyn gan fod yr adar yn dod gyda'r wawr i larpio'r holl fwyd. Yn yr ardd ei hun, mae coeden afal Enlli yn drwm gan ffrwythau; ac er imi gasglu dros ddeugain bore ddoe, mae dwsinau'n dal i hongian o'r brigau. Mi fydda i'n pigo'r rhai sydd wedi cwympo i'r llawr yn gyntaf gan eu bod yn fwy aeddfed, ond yn sicrhau bod digon yn cael eu gadael i'r gwenyn a'r holl greaduriaid eraill sy'n eu bwyta.

Tro Pontypridd oedd hi yr wythnos yma i groesawu tîm *Bro*, a chawsom groeso cynnes iawn gan un o drefi mwya'r cymoedd. Braf oedd clywed Cymraeg yn cael ei siarad ar y strydoedd, gan blant ifanc yn enwedig. Mae'n syndod sut mae'r iaith wedi cryfhau cymaint yn ardal Caerdydd, Gwent a'r cymoedd dros y deng mlynedd ar hugain diwethaf; ond yn ystod yr un cyfnod, mae wedi bod yn diflannu'n rhy gyflym o lawer o'r cadarnleodd traddodiadol yng ngogledd a gorllewin Cymru. Pan oeddwn i'n fachgen ifanc, Cymraeg oedd iaith pentref Llanwddyn ac iaith iard yr ysgol gynradd, ond erbyn heddiw mae'r ysgol wedi cau a Saesneg yr un mor flaenllaw â Chymraeg ymysg y trigolion.

............................................................................................

## MEDI 6

Yn ôl y gwybodusion, mae'r tywydd yn mynd i newid heddiw gyda gwyntoedd cryfion a glaw trwm mewn mannau, ond roedd yn fore braf pan godais eto y bore 'ma, felly cawn weld a yw'r rhagolygon yn hollol anghywir unwaith eto. Mae'n rhaid bod swydd y person tywydd yn un wych: gallwch gyflwyno rhagolygon hollol anghywir o leiaf hanner yr amser gan wybod bod eich gwaith yn ddiogel. Alla i ddim â meddwl am yr un swydd arall lle mae hyn yn digwydd, heblaw efallai am wleidyddion...

Mae Medi wedi bod yn fis hebogiaid yr ehedydd. Ar ôl gweld dim ond dau o'r hebogiaid chwim yma yn ystod yr haf, dwi newydd weld tri mewn dau ddiwrnod. Gwelais aderyn ifanc yn hela gweision y neidr uwchben afon Hafren ger Caersŵs ddoe, a'r bore 'ma roedd dau yn hela gwenoliaid uwchben adeiladau fferm ger yr Ystog, dim ond rhyw ganllath o'r ffin â Lloegr.

Hwn yw'r unig aderyn sy'n ddigon cyflym ac ystwyth i ddal gwenoliaid, a hyd yn oed gwenoliaid duon yn yr awyr. Mae parau'n nythu ar hyd y rhan fwyaf o Gymru;

serch hynny, nid yw'n aderyn cyffredin, a'r adeg orau i'w weld yw diwedd yr haf
pan fydd adar ifanc yn ymuno â'r oedolion i hela'r gwenoliaid sy'n ymgynnull cyn
mudo i'r Affrig. Fel rheol, mi fydda i'n eu gweld yn hela gweision y neidr a gwenoliaid
y glennydd uwchben gwarchodfeydd Dolydd Hafren a Llyn Coed y Dinas ger y
Trallwng, ond prin oedd y cyfleoedd i ymweld â'r gwarchodfeydd yma eleni o achos
prysurdeb gwaith.

Ddoe, mi fues yng Ngwarchodfa Conwy, nid yn unig i wylio'r adar ond hefyd i
gefnogi dau ffrind, Alan Davies a Ruth Miller, a oedd yn cyhoeddi llyfr newydd. Y
llynedd, torrodd y ddau record byd am weld y nifer fwyaf o rywogaethau adar mewn
blwyddyn, ac mae'r llyfr newydd yma'n olrhain hanes y daith. Chwarae teg i'r ddau,
mi fuaswn i wedi rhoi'r ffidil yn y to ar ôl ychydig wythnosau, ond chwalodd y ddau
yr hen record drwy weld 4,341 o adar, 700 yn fwy na'r record flaenorol. I gyflawni'r
daith anhygoel yma, bu'n rhaid i'r ddau werthu eu tai a gadael eu swyddi, felly roedd
hi'n dipyn o aberth. Gobeithio wir y bydd y llyfr yn gwerthu'n dda.

Roedd y warchodfa ei hun yn sych iawn er gwaethaf glaw mis Awst, a'r pyllau
bas yn gynefin delfrydol i hwyaid a rhydyddion. Ymysg yr adar cyffredin, roedd tri
ymwelydd eithaf prin – un pibydd y coed a dau bibydd bach – yn prysur fwydo ar y
pryfetach a'r mwydod yn y mwd. Dim ots beth yw'r tywydd na'r tymor, mae wastad
rhywbeth i'w weld yng Nghonwy.

## MEDI 8

Tro Rhosllannerchrugog oedd hi i groesawu criw *Bro* ddoe, a chawsom groeso cynnes
unwaith eto. Un o'r uchafbwyntiau i fi oedd cael ymweld â'r Stiwt, neu neuadd y
glowyr yng nghanol y pentref. Mae'n adeilad hardd dros ben gyda theatr anferth yn
ganolbwynt iddo. Fe'i hadeiladwyd gan arian y glowyr yn 1927, ac er iddo gau am
gyfnod byr tua diwedd yr ugeinfed ganrif, mae heddiw yn adeilad ysblennydd sy'n
denu corau a chantorion amlycaf Cymru i droedio'r llwyfan.

Heddiw, mi fues yn ardal Llanbadarn Fynydd, dim ond hanner awr o'r tŷ, yn
agor gwarchodfa natur newydd i Ymddiriedolaeth Natur Maesyfed. Bryn Tylcau yw
enw'r warchodfa, ac mae ymweld â'r lle fel camu'n ôl i'r hen oes. Mae'n gymysgedd o
ffermdir, perthi a choedlannau sydd erioed wedi gweld gwrtaith modern, felly mae'n
baradwys i fywyd gwyllt prin. Mae'r gog, y gylfinir a'r bras melyn yn dal i nythu yma;
ac wrth i griw ohonom gerdded i gopaon y bryniau, roedd dwsinau o wenoliaid yn
bwydo ar y pryfed uwchben y rhedyn browngoch.

Yn y gwanwyn, bydd y caeau gwair yn fôr o liw a thamaid y cythraul ac effros
ymhlith y blodau amlycaf. Hyd yn oed yng nghanol mis Medi, roedd tresgl y moch
ac ambell i drilliw y mynydd yn dal i flodeuo, yn ogystal â chlwstwr o gribau San
Ffraid hwyr. Roedd hi'n braf gweld cymaint o ffermwyr lleol yn ymuno â'r daith, a

dywedodd sawl un eu bod wrth eu boddau yn gweld caeau gwair traddodiadol yn cael eu gwarchod. Yn sicr, mae'r Ymddiriedolaeth yn berchen ar ddarn o baradwys.

Mae'n rhaid canmol yr holl ymddiriedolaethau natur yng Nghymru. Mae'r staff sy'n gweithio i bob un yn wybodus a brwdfrydig, ac yn gwneud y swydd nid am arian nac am statws – ond am eu bod yn credu'n gryf yng ngwerth eu gwaith, ac eisiau gwneud eu gorau dros fywyd gwyllt Cymru. Mae ambell fudiad, gan gynnwys yr RSPB a'r Cyngor Cefn Gwlad, yn llawer llai effeithiol o achos yr holl wleidyddiaeth a biwrocratiaeth sy'n rhemp erbyn heddiw. Mae'r ymddiriedolaethau yn cyflawni gwyrthiau gydag ychydig iawn o arian, ac yn haeddu ein cefnogaeth.

• • • • • • • • • • • • • • • • • • • • • • • • • • • • • • • • • • • • • • • • • • •

## MEDI 12

Dwi bron â chysgu ar fy nhrwyn wrth ysgrifennu hwn ar ôl penwythnos prysur iawn. Ddoe, roedd y pentref i gyd yn dathlu Gŵyl y Ddraig, neu'r *Dragonfest*. Mae'n rhywbeth tebyg i fabolgampau cefn gwlad gyda chystadlaethau fel poeri cerrig eirin tagu, ras bara menyn, taflu tatws a llawer mwy; a dwi ddim yn credu imi chwerthin cymaint ers meitin. Daeth dwy ffrind, Cheryl Jones a Caryl Parry Jones am y diwrnod, a buom yn bwyta, yfed a chystadlu yn yr heulwen braf drwy'r dydd; ac ar ôl i'r mabolgampau orffen, a minnau wedi gwneud ffŵl o'n hun sawl gwaith, aeth pawb i'r dafarn i gnoi cil dros y diwrnod.

Dwi'n cofio ymweld â Chwm Elan ddwy flynedd yn ôl a sylwi ar y dail yn dechrau troi'n frown, a hithau'n ddiwedd mis Hydref. Echdoe, wrth deithio i'r Gogledd, roedd dail y coed bedw a ffawydd nid yn unig yn felyn, ond yn cwympo fel plu eira anferth yn y gwynt. Dwi ddim yn cofio'r hydref yn cyrraedd mor gynnar â hyn, ond er gwaetha'r nosweithiau oer, mae ieir bach yr haf yn dal i wneud y gorau o'r dyddiau heulog. Y bore 'ma, roedd ieir bach amryliw yn gwledda ar flodau'r gerddi yn y pentref, a'r cacwn wrth eu boddau yn bwydo ar y dwsinau o afalau sydd wedi cwympo yn y gwyntoedd cryfion dros y penwythnos.

Darllenais mewn cylchgrawn natur yn ddiweddar fod yr afanc yn byw yn wyllt mewn sawl lleoliad ym Mhrydain erbyn heddiw. Roeddwn yn ymwybodol fod parau mewn caethiwed yn bodoli yn y Cotswolds ac yn yr Alban, ond yn dawel bach mae ambell un wedi bod yn dianc i'r gwyllt ers degawd bellach. Nid yw'r anifeiliaid yma wedi cael eu gweld yn afonydd Cymru ers wyth can mlynedd, ond buaswn wrth fy modd yn eu gweld yn dychwelyd. Drwy adeiladu argae, bydd yr afanc yn creu gwlyptir sy'n gynefin gwych i fywyd gwyllt ac yn gymorth i atal llifogydd. Nid pob tirfeddiannwr sy'n falch o'u gweld yn dod yn ôl, ond dwi'n ffyddiog y bydd yr anifeiliaid yma'n dod i afonydd a llynnoedd Cymru eto yn y dyfodol agos.

• • • • • • • • • • • • • • • • • • • • • • • • • • • • • • • • • • • • • • • • • • •

## MEDI 17

Wythnos olaf *Bro* oedd hon, dau ddiwrnod o ffilmio yn y Barri a dau ddiwrnod yn Nolgellau. Yn anffodus, am y tro cyntaf eleni, doedd y tywydd ddim yn ffafriol a chefais amser digon diflas yn y Barri gan fod y traethau'n wag; ond roedd hi'n fraint cael ymweld â Thŷ Hafan, sef hosbis i blant â salwch marwol. Byddech yn disgwyl i rywle fel hyn fod yn drist iawn, ond mae'n lle lliwgar a hapus sy'n darparu gofal arbenigol i'r plant a'u teuluoedd; ac mae'r staff mor anhygoel o gariadus gyda phawb, mae'n fraint cael ymweld â'r lle.

Mae'n rhaid bod rhywle fel Tŷ Hafan mor bwysig i rieni sy'n gorfod gofalu am blentyn sâl bob awr o'r dydd. Dyma'r unig hoe a gânt, a gallant ymlacio gan wybod bod y plant yn cael y gofal gorau posibl, sy'n rhoi cyfle i'r teulu gael ychydig oriau gyda'i gilydd. Mae'n drist meddwl nad oes arian cyhoeddus ar gael i'r hosbis, a bod yn rhaid iddynt godi'r arian eu hunain. Byddai pris un awyren ryfel yn cynnal Tŷ Hafan am flynyddoedd lawer.

Er gwaetha'r tywydd gwael, roedd yn bosibl sefyll ar draeth Ynys y Barri ac edrych dros y tonnau ar Ynysoedd Echni a Ronech, sef Flat Holm a Steep Holm. Dwi erioed wedi bod ar Ynys Ronech, ond dwi wedi glanio ar Ynys Echni sawl gwaith, a'i chael yn ynys hynod o ddifyr. Mae'n gartref i winiwns gwyllt, cannoedd o nadroedd y defaid a miloedd o wylanod, ac mae digonedd o olion i'w gweld o hen gaer sy'n dyddio'n ôl i'r rhyfel yn erbyn Napoleon a Ffrainc ddwy ganrif yn ôl. Yn anffodus, doedd dim cyfle i ymweld â'r ynys y tro yma, ond mi fydda i'n ymdrechu i fynd eto y flwyddyn nesaf.

Erbyn imi gyrraedd Dolgellau, roedd y tywydd wedi gwella'n fawr, a hynny'n rhoi cyfle imi feicio darn o'r hen reilffordd ar hyd glannau deheuol y Fawddach. Heb os, hon yw'r aber harddaf yng Nghymru; ac mae sefyll ar y mynyddoedd yn gwylio'r haul yn machlud dros bont rheilffordd Abermaw yng ngheg yr aber yn un o'r golygfeydd hynny'n sy'n aros gyda rhywun am byth. Yn anffodus, mae pwysigrwydd yr aber i adar wedi lleihau yn ystod y chwarter canrif diwethaf, ond mae'n parhau i fod yn safle pwysig i rydyddion a hwyaid yn ystod misoedd y gaeaf.

Yn gynharach y prynhawn 'ma, roeddwn i'n ffilmio o amgylch tŷ arbennig o'r enw Gwanas Fawr. Mae rhannau o'r tŷ yn dyddio'n ôl wyth canrif, a bu'n safle cyfrinachol i'r Pabyddion addoli pan oedden nhw'n cael eu herlid gan Harri'r Wythfed yn yr unfed ganrif ar bymtheg. Heddiw, mae'n dŷ moethus sydd wedi ei adfer yn wych gan arlunydd lleol, Gareth Wyn Jones, a thra oedd y criw yn ffilmio'r tŷ, roeddwn i'n crwydro'r gerddi yn chwilota am fywyd gwyllt.

Yn ogystal â heidiau o ditŵod, siff-siaff swnllyd ac ambell delor y cnau, gwelais ystlum bychan yn hedfan uwchben rhai o'r llwyni ganol dydd yn bwydo ar bryfetach. Pur anaml y bydd yr anifeiliaid yma'n mentro allan cyn iddi nosi gan eu bod yn darged i adar ysglyfaethus fel y gwalch glas, felly mae'n debyg fod yr un yma wedi cael ei aflonyddu yn ei glwydfan gysurus. Gwyliais yr ystlum yn hedfan o gwmpas am dros chwarter awr nes imi gael fy ngalw yn ôl i ffilmio, ac erbyn imi ddychwelyd i chwilio amdano eto awr yn ddiweddarach, roedd wedi diflannu – yn ôl i'w glwydfan ac nid i fol rhyw greadur rheibus, gobeithio!

## MEDI 20

Petawn i'n dweud mod i o fewn can milltir i Halifax ac Inverness, dwi'n siŵr y byddai rhywun yn meddwl fy mod i rywle yn ardal Glasgow yn yr Alban, ond y gwir yw 'mod i'n eistedd mewn gwesty yn Nova Scotia yn nwyrain Canada. Mae'r olygfa o'r ffenestr yn wych, ac eryrod moel yn hela pysgod dros lyn anferth. Hwn yw'r trydydd ymweliad, a'r olaf i Ogledd America a Chanada eleni i ffilmio rhai o'r llwythau brodorol. Y tro yma, dwi yn ardal Halifax yn ymweld â'r Mi'kmaq, cyn hedfan draw i ardal Québec i dreulio amser gyda'r Cree.

Hyd yn hyn, ychydig iawn dwi'n ei wybod am y Mi'kmaq ar wahân i'r ffaith eu bod yn bysgotwyr o fri. Ers miloedd o flynyddoedd, maen nhw wedi bod yn pysgota'r afonydd a'r moroedd o amgylch yr arfordir; a chan fod digonedd o lysywod, eogiaid a brithyll, mae bywyd wedi bod yn llewyrchus iawn. Heddiw, fodd bynnag, mae niferoedd y pysgod yn gostwng a nifer o'r pysgotwyr wedi rhoi'r gorau i'r hen ddulliau traddodiadol o bysgota gyda gwaywffyn, ac yn mynd allan i'r môr ar longau mawrion. Gan fod gorbysgota yn cael effaith andwyol ar foroedd ledled y byd, mae dyfodol y bobl yn y fantol.

Mae'r ardal hon o Ganada yn brydferth iawn, yn enwedig yr adeg yma o'r flwyddyn a dail y coed yn dechrau newid eu lliwiau. A dweud y gwir, mae'n fy atgoffa o'r Alban, a dyna pam fod miloedd o Albanwyr wedi symud yma i fyw dros y canrifoedd am wn i. Yn ogystal â physgota, gall rhywun ennill bywoliaeth o dorri coed hefyd, ac wrth deithio draw i'r gwesty o'r maes awyr, gwelais ddwsinau o lorïau yn cludo'r boncyffion i felinau papur gerllaw.

Ar hyn o bryd mae'r tywydd yn eithaf mwyn, ond mae storm i ddod yn y dyddiau nesaf yn ôl y gwybodusion lleol. Gobeithio ddim, gan fy mod yn mynd allan ar y môr mawr ar un o'r llongau pysgota ddiwedd yr wythnos. Gweddïwch drosta i.

## MEDI 23

Mae dau ddiwrnod prysur iawn wedi mynd heibio'n gyflym. Ddoe, roedd gofyn codi am bedwar y bore i fynd i hela mŵs gyda dyn o'r enw Danny Paul a chriw o'i ffrindiau. Gan eu bod yn hela drwy ddilyn nifer o'r dulliau traddodiadol, rhaid oedd cwrdd yn gynnar er mwyn cynnal seremoni i ddiolch i'r fam ddaear a'r ysbryd mawr am eu haelioni, ac i ofyn i'r anifeiliaid aberthu eu hunain er lles y Mi'kmaq. Mae'n rhaid bod rhywun yn gwrando, achos o fewn hanner awr, roedd y criw wedi darganfod a saethu tarw ifanc, cyhyrog.

Dwi'n hoff iawn o'r mŵs. Mae'n anifail unigryw, rhyw gyfuniad o fuwch a byffalo, ac fel rheol buaswn yn amheus am fynd ar helfa fel hyn. Ond roedd pwrpas i'r lladd yn yr achos yma. Yn wahanol i helwyr eraill yr ardal, doedd Danny a'r criw ddim yn lladd am arian nac am hwyl, ond i roi cig ar fyrddau bwyd aelodau tlotaf y gymuned. Felly, er eu bod yn saethu gyda gynnau ac yn gyrru cerbydau i'r mynyddoedd, roedd yr hen draddodiad o gymryd dim ond yr hyn sydd ei angen yn parhau.

Roedd pob un ohonom yn gwisgo dillad oren llachar, er imi wisgo dillad tywyll â chuddliw perffaith yn gynnar yn y bore. Esboniodd Danny fod cynifer o helwyr o gwmpas, yr unig ffordd i osgoi cael eich saethu'ch hun oedd gwisgo dillad llachar fel bod helwyr eraill yn gallu'ch gweld, a hyd yn oed gyda'r dillad amlwg bydd cannoedd o helwyr yn cael eu lladd bob blwyddyn. A dweud y gwir, roeddwn yn teimlo ychydig yn wirion wedi gwisgo fel gweithiwr cyngor i fynd i hela, ond chafodd yr un ohonom ein saethu o leiaf.

Heddiw, mi fues ar gwch gyda dau blismon o adran bysgodfeydd llywodraeth Canada. Eu gwaith nhw yw ceisio sicrhau nad oes neb yn torri'r gyfraith wrth fynd ar ôl crancod, cimychiaid a physgod. Gan fod cymaint o arian i'w ennill ar y môr, hyd at £200,000 y flwyddyn medden nhw, bydd llawer yn ceisio gwthio'r ffiniau a thorri'r gyfraith. Roedd un o'r swyddogion, Phil, yn gawr o ddyn – tua chwe throedfedd a chwe modfedd o daldra – ond doedd ei bartner ddim ond ychydig fodfeddi dros bum troedfedd, ac ochr yn ochr roeddent yn edrych yn ddigri iawn.

Roedd y ddau yn cario gynnau ac o ddifri' am eu gwaith, ond er inni chwilio'n fanwl, doedd neb yn pysgota'n anghyfreithlon heddiw. Dim ots, cefais fy nhywys ar hyd yr arfordir mewn tywydd braf, yn edrych ar gannoedd o filidowcars ac ambell drochydd mawr yn hela pysgod heb drwydded; ac wrth i'r haul fachlud, plymiodd eryr moel i'r dŵr bas o'n blaenau a chario llysywen i goeden gyfagos i'w bwyta.

......................................................

## MEDI 26

Dwi newydd dreulio dau ddiwrnod yng nghwmni heliwr a physgotwr Mi'kmaq unigryw a hoffus iawn. Mae Lawrence Paul wedi bod yn byw oddi ar gyfoeth y wlad drwy gydol ei fywyd, ac wedi dysgu arferion yr holl anifeiliaid o'i gwmpas gan ei dad a'i daid. Mi fues yn ei dŷ hela yng nghanol y goedwig i weld ei drapiau cyn mynd i bysgota i lyn cyfagos, ac roedd yn amlwg fod gwaed ei gyndeidiau yn dal i lifo drwy ei wythiennau.

Esboniodd ei fod yn dysgu popeth am arferion anifeiliaid gan fod yr helwyr gorau yn naturiaethwyr da yn ogystal. Dangosodd imi'r broses hir o baratoi'r trapiau fel na fyddai arogl dyn arnynt, a'r llefydd gorau i'w gosod i ddal minc a llwynogod. Yn wahanol i'r helwyr eraill yn yr ardal, doedd o ddim yn gyrru cerbydau i bobman, ond yn cerdded degau o filltiroedd ar hyd afonydd, trwy goedwigoedd ac ar hyd glannau llynnoedd i edrych am olion ei brae.

Yn y gorffennol, dwi wedi bod yn feirniadol o rai sy'n gosod trapiau gan fod rhai ohonynt yn gallu bod yn greulon iawn, ond buasai'n haerllug iawn i rywun o Gymru sy'n ymweld â Nova Scotia am bythefnos feirniadu pobl sydd wedi bod yn gosod trapiau am ganrifoedd lawer. Hefyd, roedd Lawrence yn hollol agored am ei waith, ac yn sicrhau na fyddai'n gorhela unrhyw ardal. Gwnâi ymdrech fawr hefyd i fynd a'i blant gydag ef er mwyn dysgu'r hen ffyrdd traddodiadol o hela iddynt, a byddai hyd yn oed yn mynd o amgylch yr ysgolion lleol i adrodd rhai o'i hanesion i'r plant.

Aeth â fi ar gwch er mwyn gosod rhwyd dros nos, ac erbyn y bore roeddwn i'n obeithiol y buaswn wedi dal dwsinau o bysgod. Yn anffodus, dim ond un lleden oedd yn y rhwyd, ond roedd cael bod allan ar lyn llonydd yn y bore bach gyda chymeriad mor lliwgar â Lawrence yn fraint.

Rwy'n ysgrifennu hwn yng nghefn y cerbyd ar y ffordd i dref Truro. Yfory, byddwn yn gyrru i borthladd Pubnico gan fod Lawrence hefyd yn gapten llong sy'n pysgota ar y môr mawr. Byddwn yn teithio deuddeg awr i ganol y môr i weld yr holl broses o bysgota diwydiannol, cyn trosglwyddo i long arall a theithio yn ôl i'r porthladd. Neu o leiaf, dyna'r bwriad...

· · · · · · · · · · · · · · · · · · · · · · · · · · · · · · · · · · · · · · · · · · · · · · · · · · · · · · · · · · · · · · · · · · ·

## MEDI 28

Roedd y daith yn syniad da gan ein bod i gyd bellach yn ôl yn ddiogel ar dir sych. Mae dwy noson ar gwch yng nghanol y môr mawr yn ddigon anghyffforddus, ond i wneud pethau'n waeth, roedd rhaid imi wthio fy hun i un o'r gwelyau lleiaf imi ei weld erioed. Wedi dweud hynny, roedd yn werth chweil er mwyn cael mynd dros gan milltir allan i'r môr i weld llongau'r Mi'kmaq yn pysgota.

Esboniodd Lawrence yr holl broses o'r dechrau i'r diwedd, ond y peth mwyaf trawiadol oedd gweld pelen anferth o bysgod yn y rhwyd wrth iddi gael ei thynnu ar fwrdd y llong. Eglurodd Lawrence ei bod yn bosibl targedu pysgod neilltuol trwy ollwng y rhwyd i ddyfnder arbennig. Mewn un rhwyd, roedd pedair mil cilogram (neu tua wyth mil pwys) wedi'u dal, a'r capten yn disgwyl dal llawer mwy eto cyn dychwelyd i'r porthladd.

A dweud y gwir, roeddwn ychydig yn anghyffforddus yn gweld cymaint o bysgod yn cael eu dal, o feddwl mai dim ond cymryd digon i'w fwyta oedd hen ddull traddodiadol y Mi'kmaq. Atcb Lawrence i hyn oedd eu bod yn dilyn y canllawiau a oedd wedi eu gosod gan wyddonwyr llywodraeth Canada fel bod digonedd o bysgod ar ôl yn y môr. Hefyd, esboniodd fod y llwyth yn cael dros hanner yr arian a gafwyd drwy bysgota, ac mai dim ond 45% y byddai'r capten a'r pysgotwyr yn cael ei gadw. Dwi'n gobeithio bod y gwyddonwyr yn gywir yn eu mathemateg, gan ei fod yn druenus cerdded o gwmpas rhai o borthladdoedd heddiw a'u gweld yn wag o longau pysgota gan nad oes fawr ar ôl yn y môr i'w ddal.

MEDI

Ar ôl cyrraedd y tir mawr, aethom bob un i mewn i dŷ bwyta cyfagos i wledda ar ffrwythau'r môr. Roedd crancod, cimychiaid a chorgimychiaid yn rhad iawn, ac felly buom yn llenwi ein boliau cyn ffarwelio â Lawrence a theithio yn ôl i ddinas Halifax a'r maes awyr. Wrth yrru ar draws y wlad, cawsom sioe fendigedig o ddail coch, oren, melyn a brown; ac yma ac acw diflannai adar fel sgrechod y coed glas a dwsinau o *chikadee* i'r goedwig drwchus. Mae'n rhaid ein bod wedi gweld dros ddwsin o racwniaid wedi cael eu lladd ar y ffordd, yn ogystal â charw a choiote. Tipyn o wahaniaeth i'r draenogod a'r moch daear a welir ar hyd ochrau ffyrdd Cymru.

Mae'n rhaid imi sôn hefyd am Gymraes sydd wedi bod yn byw yn Nova Scotia ers yr 1970au wedi iddi gyfarfod a phriodi dyn lleol. O Garno, ychydig filltiroedd o 'nghartref i yn y Canolbarth mae Beryl Jarman yn dod yn wreiddiol, ac roedd wrth ei bodd yn cael siarad Cymraeg â ni. Roedd acen Canada yn amlwg wrth iddi siarad Saesneg, ond acen Sir Drefaldwyn bur oedd ei hacen Gymraeg. Fel pob mam Gymreig, roedd yn mynnu ein bod yn bwyta llond ein boliau o fwyd cartref cyn inni fynd ar ein ffordd unwaith eto. Diolch yn fawr iawn, Beryl.

**MEDI 30**

Wel, am sioe a gawsom wrth yrru tua'r gogledd o faes awyr Montreal. Mae coedwig enfawr yn gorchuddio llawer o'r tir yn yr ardal yma, ac erbyn diwedd Medi bydd dail pob coeden yn newid lliw. Y coed masarn yw'r mwyaf trawiadol, a'u dail fflamgoch yn amlwg iawn ymysg y coed eraill. Mae'r arbenigwyr yn dweud mai'r cyfuniad o ddiwrnodau braf a nosweithiau oer sy'n creu'r lliwiau llachar yma, ond beth bynnag y rheswm, mae'r sioe a gawsom wrth deithio yn ystod y ddau ddiwrnod diwethaf yn un o'r goreuon a welais erioed.

Ar y ffordd i dref Roberval, gwelsom arth ddu ifanc ar ganol lawnt tŷ crand yn ymyl y ffordd. Tyllu am fwydod oedd yr arth, ond wrth inni arafu'r cerbyd i geisio tynnu lluniau, carlamodd ar draws y tir agored i ddiogelwch y goedwig. Mae'r ardal yma a'i choedwigoedd eang yn baradwys i eirth duon a'r mŵs, a dwi'n gobeithio gweld mwy o'r anifeiliaid yma yn ystod yr wythnos nesaf. Mae'r ardal hefyd yn denu miloedd o helwyr, felly bydd angen i bob arth, mŵs ac ymwelydd o Gymru fod yn wyliadwrus.

Diwedd y daith heddiw oedd pentref Mistissini ar lannau llyn enfawr. Ychydig o bebyll oedd yma hyd at ryw 30 mlynedd yn ôl; ond wedi i'r bobl frodorol, y Cree, arwyddo cytundeb gyda llywodraeth Québec i adeiladu dau argae i greu trydan ar eu tir, datblygodd y pentref yn gyflym iawn. Mae'r pentref yn un modern gydag ysbyty, dwy ysgol a chanolfan hamdden newydd sbon, ond mae'r llwyth wedi bod yn ddigon doeth i beidio â gorddatblygu'r ardal. Yn wir, ar hyn o bryd mae nifer o'r teuluoedd wedi diflannu i'r tir gwyllt eang o'n cwmpas i hela am bythefnos, ac mi fydda i'n eu dilyn yn ystod y diwrnodau nesaf.

◀ Y criw ffilmio a theulu Lawrence Paul.

▼ Tirwedd hyfryd y Mi'kmaq yn ymestyn i'r pellter.

◀ Lawrence Paul – cymeriad unigryw.

▼ Y mŵs, druan, yn cael ei fwtsiera a'i brosesu.

▼ Ann Ireland a minnau yn y parc yn Rhosllannerchrugog, cawsom amser braf yn mynd i'r afael â thafodiaith unigryw Rhos.

➤ Fia a Nia Medi o flaen ei siop yn Nolgellau, uwchben y siop mae Byncws HyB, ystafelloedd i fynyddwyr a cherddwyr aros ynddynt.

▲ Yr arlunydd Gareth Wyn Jones fu'n fy nhywys o gwmpas ei gartref, Gwanas Fawr.

▼ Yr enwog Magi Dodd a fi yn Mharc Ynysangharad, Pontypridd.

◀ Camu yn ôl traed Gavin a Stacey wrth gadw cwmni ag Amy ac Oliver yn yr Island Leisure Arcade yn y Barri.

▼ Dysgu clocsio gyda Gavin Ashcroft a chriw Bro Taf.

# Hydref

Haf bach Mihangel yr Hydref:
gwlad y Cree yn Québec ac
yn ôl i Gymru

## HYDREF 3

Y bwriad gwreiddiol oedd imi adael y dref ddoe a hedfan i wersyll hela yn y tir gwyllt, ond yn anffodus roedd y tywydd yn wael drwy gydol y bore. Erbyn amser cinio roedd y cymylau duon wedi cilio, ond gollyngodd y peilot ddarn allweddol o'r injan i'r dyfroedd duon, rhewllyd a dyna ddiwedd arni am y dydd.

Y bore 'ma, roedd darn newydd yr injan wedi cyrraedd o Québec; felly, ddiwrnod yn hwyr, gadewais y dref a hedfan ar hyd Llyn Mistissini, dros goedwig enfawr a glanio ar lan llyn bychan dros gan milltir o unrhyw dŷ annedd. Roeddwn i'n disgwyl aros mewn pabell fechan yng nghanol y goedwig, ond chwarae teg, mae'n eithaf moethus gyda chytiau mawr, tân coed, gwelyau a byrddau.

George Awashish yw enw'r perchennog, ac mae'n bysgotwr a heliwr heb ei ail. Fel bron pob aelod o lwyth y Cree, bydd yn diflannu i'r goedwig am fis o leiaf bob hydref i hela mŵs, eirth duon ac afancod; ac am dri diwrnod, mae wedi cytuno i mi ei ddilyn yn y tir gwyllt. Heddiw, bues allan ar gwch yn gosod rhwyd i ddal stwrsiwnod, y pysgod mawr sy'n cynhyrchu cafiâr; ac wrth iddi nosi, bu'r ddau ohonom yn pysgota am frithyll. Mae braidd yn hwyr yn y tymor i ddal y rhain, ond llwyddodd George i ddal penhwyad mawr, pysgodyn rheibus sy'n bwyta pob math o greaduriaid gan gynnwys adar, mamaliaid bychain a physgod eraill. Ar ôl dal y pysgodyn mawr yma, esboniodd George nad oedd gobaith mul o ddal brithyll yn yr un pwll, felly daeth yn bryd troi am y gwersyll.

Ar y ffordd yn ôl, roedd yr olygfa o'r cwch yn fendigedig wrth i'r haul fachlud dros goed bedw a'u dail aur yn crynu yn y gwynt ysgafn. Roedd gwraig George wedi coginio cawl blasus â chig mŵs ynddo, ac ar ôl llenwi fy mol, cerddais yn hollol hapus draw at fy nghwt i baratoi i glwydo er mwyn codi'n gynnar bore fory.

· · · · · · · · · · · · · · · · · · · · · · · · · · · · · · · · · · · · · · · · · · · · · · · · · · · · · · · · · · · · · · · · · · · · · · · · · · · · · · · · · ·

## HYDREF 5

Ar ôl tri diwrnod o godi'n gynnar a chyrraedd y gwely ar ôl iddi nosi, dwi wedi blino'n lân. Cefais ddau ddiwrnod diddorol yng nghwmni George, ond yn anffodus doedd o ddim yn mwynhau'r holl broses o ffilmio. Mae'n rhaid cyfaddef bod ffilmio'n gallu bod yn araf iawn, a byddaf weithiau yn colli amynedd, yn enwedig pan fo angen bod yn sionc i ddal bywyd gwyllt ar gamera. Roedd George, fodd bynnag, yn ddigywilydd iawn gyda'r dyn camera, a gadawsom ei wersyll hela y bore 'ma o dan ychydig o gwmwl. Roedd hyn yn siomedig gan fod pawb arall yma wedi bod yn groesawgar iawn, ac wedi mynd allan o'u ffordd i'n cyfarch. Dyna ni, allwch chi fyth blesio pawb.

Beth bynnag, roedd y profiad o fod gannoedd o filltiroedd o'r dref agosaf yn dilyn olion y mŵs a'r blaidd ac yn ffilmio cartref yr afanc yn brofiad anhygoel, yn enwedig o achos y dirwedd odidog. A do, mi wnaethon ni ddal tri stwrsiwn anferth yn ogystal â phenhwyad 25 pwys yn y rhwyd, ond yn anffodus roedd trochwr mawr wedi ei ddal ynddi hefyd. Diolch i'r drefn, roedd yr aderyn yn fyw, ac ar ôl cael ei ryddhau plymiodd o dan y dŵr i ddianc.

Cododd y criw i gyd am bump o'r gloch y bore 'ma i ffilmio'r wawr. Roedd y llyn yn hollol lonydd a'r awyr yn goch cyn i'r haul godi dros y gorwel, a dwi'n siŵr y bydd y lluniau'n edrych yn wych ar y teledu. Er imi fwynhau'r profiad yn fawr, dwi'n falch o fod yn ôl yn y gwesty yn nhref Mistissini o achos y ffrae, a hefyd am fy mod gam yn agosach at fynd adref i weld y teulu. Un diwrnod arall o ffilmio fory, yna byddwn yn teithio yn ôl i Montreal ac yn hedfan nos Sadwrn er mwyn cyrraedd Heathrow fore Sul. Gyda lwc, byddaf gartref gyda Ceri, y bechgyn a'r cŵn erbyn amser cinio dydd Sul.

Mae'r daith o amgylch America a Chanada i gwrdd â'r llwythau brodorol wedi bod yn ddiddorol tu hwnt, ac mae'n anodd crynhoi yr hyn dwi wedi ei ddysgu mewn ychydig eiriau. Un peth sy'n amlwg yw fod llwythau Canada mewn cyflwr llawer gwell na llwythau America, yn bennaf am eu bod wedi sefydlu cytundebau cryf â llywodraeth y wlad. Mae'r llwythau y cwrddais â nhw yn America bron â cholli eu diwylliant a'u hieithoedd; ac mae diweithdra, gorfwyta, goryfed a chyffuriau yn broblem fawr. Mae'n drist dweud hyn, ond petawn i'n ail ymweld ag America mewn chwarter canrif, dwi'n sicr mai Americanwyr unffurf ac nid llwythau cryf, balch y buaswn yn eu cyfarfod.

· · · · · · · · · · · · · · · · · · · · · · · · · · · · · · · · · · · · · · · · · · · · · · · · · · · · · · · · · · · · · · · · · · · · · ·

## HYDREF 9

Rwy'n eistedd ym maes awyr Montreal yn aros i ddal yr awyren i Heathrow, ac ar hyn o bryd rwy'n teimlo fy mod yn treulio llawer gormod o 'mywyd yn eistedd ac aros, yn enwedig mewn meysydd awyr. Dros y blynyddoedd dwi wedi dod yn dipyn o arbenigwr ar feysydd awyr, a rhaid dweud bod Montreal yn un o'r rhai gwaethaf. Mae'n gyfyng iawn a does fawr ddim siopau yma, ac mae'r bobl sy'n gweinyddu mor araf, mae'n anobeithiol!

Yn wahanol i'r maes awyr, roedd dinas Montreal ei hun yn lle gwych gyda digonedd o adeiladau diddorol, ac ambell dŷ tafarn hwylus dros ben! Ffrangeg yw'r iaith gryfaf yma, ac er bod bron pawb yn siarad Saesneg hefyd, roedd yn gyfle gwych imi ymarfer iaith a ddysgais yn yr ysgol ac ar ambell daith draw i Ffrainc. Sawl gwaith, es o amgylch y strydoedd a'r bwytai ar fy mhen fy hun er mwyn sgwrsio â'r bobl, a chefais fy siomi ar yr ochr orau gan eu bod, ar y cyfan, yn siaradus iawn. Yn eu mysg roedd Cymro o Gaerffili a oedd wedi symud i Ganada ugain mlynedd yn ôl i hyfforddi tîm rygbi ysgol fonedd. Roedd wrth ei fodd yn clywed y newyddion diweddaraf o Gymru, ac rwy'n dyst i'r ffaith nad oedd wedi colli'r ddawn o yfed ambell beint o gwrw!

· · · · · · · · · · · · · · · · · · · · · · · · · · · · · · · · · · · · · · · · · · · · · · · · · · · · · · · · · · · · · · · · · · · · · ·

## HYDREF 12

Mor braf yw bod adref yn y Canolbarth gyda'r teulu. Mae tri diwrnod gwag gen i a byddaf yn mynd â'r cŵn am dro, yn dal i fyny â'r holl lythyron ac e-byst, ac yn bwysicach fyth yn treulio amser gyda Ceri a'r bechgyn. Does dim dwywaith mai Ceri yw asgwrn cefn y teulu gan mai hi sy'n cynnal y cartref am yr wythnosau di-ri y bydda i'n eu treulio mewn rhyw westy estron. Hebddi, allwn i ddim gwneud yr holl waith teledu a radio, ac mae fy nyled iddi yn anferth.

Wel, dyw'r hydref ddim wedi symud ymlaen rhyw lawer ers imi adael, ac mae dail gwyrdd i'w gweld ar hyd y coed drain a'r coed afalau gwyllt yn y perthi o amgylch y pentref. Yn yr ardd, mae ffrwythau coeden afal Enlli wedi cochi yn haul yr haf bach Mihangel dros y diwrnodau diwethaf, a'r cacwn wrth eu boddau'n gwledda ar yr afalau aeddfed. Yn haul y prynhawn, ddoe, roedd dwy fantell garpiog ysblennydd hefyd yn bwydo ar sudd yr afalau cwympedig, yn ogystal ag un fantell goch ac un gweirlöyn brych, yr amrywiaeth gorau o löynnod byw imi ei weld ers tro.

Mae ffrwythau aeddfed yn fwyd pwysig iawn i lawer o bryfed, glöynnod a thrychfilod yn yr hydref, ac os oes digonedd o goed afalau gennych yn yr ardd, gadewch rai i aeddfedu ar y brigyn a phydru ar y llawr. Mi fydda i'n gadael dros hanner yr afalau i'r bywyd gwyllt, ond gall un neu ddau wneud gwahaniaeth mawr. Mae ambell un wedi rowlio i lawr y lawnt i fôn y gwrych, ac yno bydd llygod ac adar duon yn cystadlu â'r pryfed.

Wedi gorfod gadael y goedlan yn y cae wrth gefn y tŷ oherwydd crintach o dirfeddiannwr lleol, mae bechgyn y pentref wedi ailgodi eu siglen a'u rhaffau ar goeden ffawydd enfawr mewn cae cyfagos. Mi fues draw am dro gyda Dewi a Tomos neithiwr wrth i'r haul fachlud a throi'r dail yn lliwiau oren ac aur. Mae hon yn goeden dal, lydan ac urddasol, a diolch byth mae'r plant yn cael llonydd i chwarae yna. Wrth inni adael, roedd ystlumod yn hedfan o amgylch y brigau uchaf, yn gwneud y gorau o'r cynhaeaf o bryfed hwyr cyn dyfodiad misoedd llwm y gaeaf.

## HYDREF 15

Mae hi wedi bod yn wythnos wych o ddal i fyny â phawb yn y pentref a chyfeillion yn yr ardal yn gyffredinol, ac o gerdded yn yr ardal i ddal i fyny â'r newidiadau ym myd natur. Dwi wedi rhedeg ar hyd y gamlas ddwywaith ers dod adre, ac yn falch o weld bod y llwybr newydd wedi denu dwsinau o gerddwyr a beicwyr. Braf yw gweld teuluoedd cyfan yn mwynhau taith ar gefn beic rhwng y Drenewydd ac Aber-miwl le mae digonedd o blanhigion, adar ac anifeiliaid i'w gweld ar hyd y ffordd.

Y bore 'ma, roedd cwpl o Milton Keynes wrth eu boddau yn tynnu lluniau o wartheg a defaid yn y caeau gyferbyn â'r gamlas. Mae'r rhain yn anifeiliaid dwi'n eu gweld yn ddyddiol, ond i rywun sy'n byw yng nghanol concrit, ceir a llygredd mae'n rhaid bod syllu ar anifeiliaid fferm yn un o uchafbwyntiau'r gwyliau. Petasai dyfrgi wedi taro heibio, dwi'n sicr y buasai'r ddau wedi llewygu o'm blaen!

Trist yw gweld S4C ar chwâl ar hyn o bryd. Mae'r pennaeth a'r is-bennaeth wedi gadael yn ystod y ddau fis diwethaf, ac mae'r llywodraeth yn torri cyllideb y sianel. At

**HYDREF**

hynny, mae cyllideb BBC Wales wedi'i thorri, ac ychydig iawn o arian sy'n mynd i ITV Wales, felly mae pawb sy'n gweithio ym myd teledu a radio yng Nghymru yn dechrau chwysu ar hyn o bryd. Os daw fy ngyrfa i o flaen y camera i ben, gallaf droi at gyfrif adar yng nghefn gwlad Cymru unwaith eto, ond does gan sawl un ddim llwybr arall. Gobeithio y bydd ambell hen ben yn cadw'r ddysgl yn wastad yn y sianel, ac y gallwn frwydro'n ffordd drwy'r argyfwng ariannol yma.

Echdoe, mi fues am dro ar ôl iddi nosi, a chlywais gannoedd o gochion dan adain yn galw wrth iddynt hedfan uwchben. Roedd ton ar ôl ton yn hedfan heibio yn y tywyllwch, ac yn ystod y diwrnodau nesaf, dwi'n sicr y bydda i'n eu gweld yn llarpio'r aeron o'r perthi er mwyn adennill yr egni a ddefnyddiwyd ganddynt wrth fudo o Sgandinafia. Dwi ddim wedi clywed socanod eira eto, ond gan fod eu cefndryd wedi cyrraedd eisoes, ni fyddant ymhell ar eu holau.

## HYDREF 19

Mae amser yn mynd mor gyflym ar hyn o bryd, mae'n anodd iawn dal i fyny â phopeth. Bob penwythnos, dwi fel dyn tacsi i'r bechgyn unwaith eto gan fod Tomos yn chwarae pêl-droed fore Sadwrn a Dewi'n chwarae rygbi fore Sul. Cofiwch, dwi'n mwynhau mynd â nhw a gwylio'r chwarae gan fod y ddau yn rhoi o'u gorau bob tro; ac ar y lefel yma, nid oes twyllo na dadlau gyda'r dyfarnwr. Maen nhw'n chwarae am eu bod yn mwynhau'r gêm.

Ddydd Sul, roedd Dewi'n chwarae rygbi yn Rhuthun, un o drefi harddaf gogledd Cymru. Mae'r cae yng nghysgod y castell ac yn edrych ar draws Dyffryn Clwyd i gyfeiriad Moel Famau a'r grib rugog sy'n ymestyn i'r gogledd tuag at Brestatyn. Roedd dail y castanwydd yn gochfrown, a diolch i'r haul gaeafol, gwan yn yr awyr las edrychai'r holl ardal yn fendigedig.

Enillodd yr hogiau o dri chais i un, ond chwerwodd y diwrnod ar ôl darganfod bod rhyw ddiawl wedi torri i mewn i'r ystafell newid a dwyn ffonau symudol ac arian o bocedi tîm Rhuthun a'r Drenewydd. Mae'n hen bryd newid y gyfraith fel bod troseddwyr fel hyn yn cael eu clymu ar sgwâr y dref i bawb gael taflu beth bynnag maen nhw eisiau atynt. Diolch byth, roedd Dewi wedi gadael ei arian gyda mi, ond roedd dros hanner dwsin o fechgyn ifanc wedi torri eu calonnau y bore yna.

Ddoe, mi fues yng Nghaerdydd yn gweithio, a chefais gyfle i gerdded o amgylch Parc Bute ac ar lannau afon Taf. Mae'r amrywiaeth o fywyd gwyllt mewn dinas brysur yn anhygoel. Wrth gerdded ar lan yr afon, gwelais siglen lwyd, bronwen y dŵr, hwyaden ddanheddog ac un eog yn ceisio neidio dros yr argae bychan sydd wedi cael ei adeiladu i reoli lefel y dŵr. Ymysg y coed, roedd sgrech y coed yn hel mes i baratoi at y gaeaf, a dwi erioed wedi gweld cynifer o wiwerod llwyd mewn un lle. Petasai'r cŵn wedi bod efo fi a hwythau'n ifanc, buasai'r ddau wedi bod wrth eu boddau'n rhedeg ar eu holau!

HYDREF

Roedd un o'r gwiwerod yn goch iawn, a gofynnodd dynes imi ai gwiwer goch oedd hi. Na oedd yr ateb, ond gwiwer lwyd ag arlliw gochfrown. Gall lliw y ffwr amrywio tipyn, ond o edrych yn agos, roedd hi'n hawdd gweld bod ffwr llwyd yn ymddangos yma ac acw ar hyd y corff. Hefyd, mae gan y wiwer goch ychydig o wallt ar y clustiau, ond does dim byd fel hyn gan y wiwer lwyd. Mae rhai yn hoffi gweld gwiwerod llwyd yn ein gerddi a'n parciau, ond llawer gwell gen i fuasai gweld gwiwerod coch yn crwydro'r wlad i gyd unwaith eto; i gyflawni hynny, bydd rhaid difa'r wiwer lwyd.

## HYDREF 22

Dwi ddim yn meddwl ei bod hi'n bosibl galw cyfnod o dywydd braf yn niwedd mis Hydref yn haf bach Mihangel, ond yn sicr mae'r tywydd yn fendigedig ar hyn o bryd, a'r diwrnodau yn oer a sych gyda niwl ar lawr y cwm fel blanced o wlân yn y boreau. Mae'r haul yn disgleirio ar yr aeron aeddfed ar y perthi gan eu troi'n dargedau hawdd i'r adar, ac nid yw'n syndod fod bronfreithod yn eu cannoedd yn gorchuddio'r brigau ar adegau.

Y prynhawn 'ma, mi fues yng ngwarchodfa Dolydd Hafren am y tro cyntaf ers rhai misoedd, ac fel arfer, doedd neb yno heblaw fi a'r bywyd gwyllt. Hon yw un o gyfrinachau gorau Cymru, a chan fod y ffordd sy'n arwain ati'n gyfyng, go brin y bydd hynny'n newid yn fuan – a diolch am hynny. O fewn pum munud imi gyrraedd roeddwn yn gwylio dwy ysgyfarnog yn bwydo ar ddail meillion mewn cae llydan, a deng munud yn ddiweddarach roedd tylluan wen yn hedfan yn dawel fel ysbryd ar hyd ochrau'r perthi tal o'm blaen.

O'r ddwy guddfan, gwelais dros ugain gylfinir, glas y dorlan, chwe hwyaden ddanheddog, pedwar ehedydd, 30 o linosiaid, minc yn troedio glannau afon Hafren a chudyll coch yn hofran uwchben y tyfiant tal ymysg yr eithin. Yn ogystal, roedd dros ddau gant o wyddau Canada yn pori'r glaswellt, ac er bod gŵydd wyran wedi ei gweld yn eu mysg ychydig ddyddiau yn ôl, doedd hi ddim yn amlwg heddiw. Mae'r gwyddau yma'n pori'r tyfiant fel defaid ac yn gallu achosi problemau i adar eraill gan eu bod mor ymosodol, ond hyd yn hyn dwi ddim wedi gweld unrhyw wrthdaro yn y warchodfa.

Ddoe, es i aber afon Dyfi gan fod rhaglen *Autumnwatch* y BBC wedi gofyn imi ymddangos ar y sioe yr hydref yma, ac eisiau canolbwyntio ar yr ardal rhwng tref Machynlleth ac Aberdyfi. Mae'n ardal fendigedig, a diolch i'r drefn mae llawer o'r tir o dan reolaeth mudiadau cadwraethol fel Ymddiriedolaeth Natur Maldwyn, yr RSPB a Chyngor Cefn Gwlad Cymru. Mae hyn yn golygu bod y gwlyptir a llawer o'r borfa wlyb, y coed a'r ucheldir yn berwi o adar; ond yn anffodus, yno i gwrdd â rhai o bobl *Autumnwatch* oeddwn i, nid i syllu ar y bywyd gwyllt. Dim ots, hyd yn oed o gynhesrwydd y car, gwelais grehyrod gwyn ac iâr boda tinwyn yn hela'n isel dros y morfa.

HYDREF

## HYDREF 24

Penwythnos arall o fynd â'r bechgyn o amgylch y wlad i chwarae pêl-droed a rygbi, ond o leiaf cefais gyfle i fwynhau gêm o bêl-droed fy hun gyda thîm dros ddeugain oed y Drenewydd. Colli fu ein hanes, o bedair gôl i dair; ond enillodd tîm pêl-droed Tomos a thîm rygbi Dewi, y naill yn chwarae yn Rhaeadr a'r llall yn Llanfair-ym-Muallt. Canlyniad tipyn gwell na'u tad felly! Roedd dyffryn Gwy yn edrych yn fendigedig, a dail y coed ffawydd aeddfed yn efydd ac oren yn yr heulwen braf. Dim ond cynffonnau cochfrown y barcud coch yn cylchu uwchben y cae pêl-droed oedd yn fwy lliwgar na dail yr hydref, ac roedd hi'n anodd canolbwyntio ar y pêl-droed oherwydd yr olygfa fendigedig.

Gyrrais yn ôl o Lanfair-ym-Muallt trwy Drefyclawdd a thuag at bentref Ceri. Mae'r ffordd yn croesi tirwedd odidog â chymysgedd o ffermdir, coedwigoedd a thir comin llawn eithin a brwyn ar yr ucheldir. Yma ac acw, roedd coed ffawydd ymysg y pinwydd, ac wrth yrru heibio gwelais dros ddwsin o bincod y mynydd yn bwydo ar yr hadau ymysg y dail dan frigau'r coed. Mae'r rhain yn debyg iawn i'w perthynas agos y ji-binc, ar wahân i batrwm oren a llwyd y corff sydd ychydig yn wahanol, ac wrth iddynt hedfan i ffwrdd, mae'r crwmp gwyn yn amlwg iawn arnynt.

Adar mudol yw'r rhain, sy'n nythu yn Sgandinafia ac yn mudo i Brydain yn ystod y gaeaf. Bydd y niferoedd yn amrywio o flwyddyn i flwyddyn, ond mae'n ymddangos y bydd y gaeaf yma'n un da iawn iddyn nhw gyda heidiau o ddwsin a mwy wedi eu gweld ledled Cymru yn barod. Mae rhai o'm ffrindiau wedi gweld ambell adain sidan hefyd – adar hardd dros ben – sydd, fel pinc y mynydd, yn dod o Sgandinafia. Mae'r rhain, beth bynnag, yn brinnach o lawer ac yn ymddangos yng Nghymru mewn blynyddoedd pan fydd ychydig iawn o aeron ar goed gwledydd y gogledd pell, fel bod yn rhaid iddyn nhw fudo i'r De i chwilio am fwyd.

Dwi'n cofio gweld adain sidan am y tro cyntaf yn ymyl pentref Tregynon yn 1989, ac yn fwy diweddar, ar lwyni y tu allan i ysbyty'r Drenewydd yn 2007. Maent yn adar bythgofiadwy o'u gweld oherwydd eu plu orenbinc, y llinellau coch a melyn llachar ar yr adenydd, a'r gwalltiach amlwg ar ran ucha'r pen. Os yw eleni'n flwyddyn dda iddynt, dwi am fentro gyda'r camera i geisio cael llun da.

•••••••••••••••••••••••••••••••••••••••••••••••••••••••••••

## HYDREF 28

Mae'r tywydd braf wedi dod i ben yn sydyn iawn gyda glaw trwm a gwyntoedd cryfion drwy'r dydd. Echdoe, wrth gwrs, roeddwn i wedi trefnu i wneud cyfweliad radio gyda Dewi Davies, hen ffrind sydd wedi cael swydd fel warden yng Nghwm Idwal. Unrhyw ddiwrnod arall a buasai'r ddau ohonom wedi cael tywydd bendigedig i fentro i'r entrychion, ond bore echdoe cerddodd y ddau ohonom ynghyd â fy mam a Dewi a Tomos ar hyd y llwybr sy'n amgylchynu Llyn Idwal.

Er gwaetha'r tywydd, roedd hi'n fore pleserus dros ben ac mae rhywbeth iach iawn am gerdded yn yr ucheldir mewn tywydd garw. Nid oedd neb bron o gwmpas a hithau'n hanner tymor, heblaw am ambell gerddwr brwd; a doedd dim bywyd gwyllt o gwbl, dim hyd yn oed gafr, wedi mentro allan yn y glaw trwm. Fel arfer, mae golygfa fendigedig ar draws y cwm o gyfeiriad Twll Du ar draws y llyn tuag at Ben yr Ole Wen a'r Carneddau, ond heddiw doedd dim ond cymylau a glaw i'w weld. Mae'n dangos pa mor bwysig yw dillad ac esgidiau addas i'r rhai sydd am grwydro ucheldir Cymru.

Heddiw, teithiais i dref Rhaeadr i gwrdd â fy hen ffrind, Alun Wyn Bevan, i ffilmio eitem ar ddyfrgwn ar gyfer y rhaglen gylchgrawn *Wedi 3*. Mae Alun yn gyn-athro, cyn-ddyfarnwr, awdur, cyfarwyddwr a chyflwynydd teledu ac yn un o'r bobl ffeina' sy'n gweithio ym myd teledu. O dro i dro, bydd yn ffonio i ofyn imi wneud rhyw eitemau byr ar gyfer *Wedi 3* a rhaid imi ddweud fy mod yn mwynhau y dyddiau yma'n fawr iawn.

Ar ôl glaw mawr dydd Mawrth, roedd tipyn o ddŵr yn afon Gwy a digonedd o arwyddion fod dyfrgwn yn byw ar lannau'r afon, hyd yn oed yng nghanol y dref. Roedd baw yr anifeiliaid yn amlwg iawn ar nifer o'r cerrig mawr ar hyd y dorlan, a gwelais olion traed mewn un llecyn lle'r oedd y mwd yn ddigon meddal. Mae niferoedd y dyfrgi wedi cynyddu yn ystod y deng mlynedd ar hugain diwethaf, a'r gwaith ymchwil diweddaraf yn dangos eu bod i'w gweld ar 90% o afonydd a llynnoedd Cymru erbyn hyn. Y dyfrgi yw barcud coch byd y mamaliaid, ond er eu bod yn eithaf niferus, prin iawn yw'r diwrnodau pan welwch chi anifail yn y gwyllt; ac er inni ffilmio am ryw ddwy awr, ofer fu'r chwilio.

## HYDREF 30

Gan ei bod yn wyliau hanner tymor i'r plant, does dim pêl-droed na rygbi dros y penwythnos, felly daeth y bechgyn i dde Cymru gyda fi ddoe. Roedden ni wedi cael gwahoddiad i fynd i weld y Sgarlets yn chwarae yn erbyn Glasgow, ond ar y ffordd roeddwn i eisiau cyfweld ag Iestyn Tomos ym Marc Dinefwr yn Llandeilo. Roedd Iestyn, bachgen o Aber-miwl, yn gweithio i Ymddiriedolaeth Natur Maldwyn tan yn ddiweddar, ond nawr mae'n gweithio i'r Ymddiriedolaeth Genedlaethol.

Mae Parc Dinefwr yn safle arbennig iawn gyda'i gymysgedd o goed hynafol, hen ddolydd, ystumllynnoedd, coedwig wlyb a phyllau bas. Mae'r hen dŷ a'r castell yn ddiddorol tu hwnt wrth gwrs, ond y bywyd gwyllt sy'n tynnu fy sylw bob tro. Wrth i Iestyn a minnau gysgodi rhag y gwynt a'r glaw yng nghanol coed derw tal, trwchus, cerddodd haid fechan o geirw danas heibio. Mae'r anifeiliaid yma'n dyddio'n ôl i oes y Normaniaid, ac er bod ceirw Dinefwr yn cael eu cadw o fewn y parc, maen nhw'n greaduriaid swil sy'n cadw draw oddi wrth yr ymwelwyr.

Cochfrown a smotiau golau ar hyd yr ystlys yw lliw arferol y danas, ond mae'r gôt yn amrywio o wyn i frown golau, llwydfrown a du; a gwelir bron pob un o'r lliwiau yma gan geirw'r parc. I feddwl ein bod wedi colli anifeiliaid mawr fel y blaidd, yr arth, yr afanc a'r lyncs o'r gwyllt! Mae'n deimlad cyntefig i gysgodi dan goed derw, eu brigau wedi'u gorchuddio â mwsogl, a gwylio'r ceirw mawr yma'n sleifio heibio.

Ar ôl gadael Iestyn, teithiais i Barc y Sgarlets, cae rygbi tîm enwog Llanelli i'w gwylio'n chwarae yn erbyn y Glasgow Warriors yng nghynghrair Magners. Dwi wedi chwarae a gwylio rygbi drwy gydol fy oes, a dwi'n mwynhau mynd o amgylch y wlad i wylio'r gêm. Dwi'n dilyn pob un o'r rhanbarthau Cymreig, ond mae Dewi y mab hynaf yn ffan mawr o'r Sgarlets.

Cawsom docynnau gan ffrind o'r pentref sy'n gweithio i garej fawr yn ne-orllewin Cymru, ac yn ogystal â seddau arbennig, roeddem ni'n cael pryd o fwyd a chyfle i gwrdd â'r chwaraewyr ar ôl y gêm. Enillodd y tîm cartref, diolch byth, a threuliodd y bechgyn dros awr yn casglu llofnodion y chwaraewyr. Roedd chwaraewyr y Sgarlets yn wych gyda'r bechgyn, a bûm yn sgwrsio tan hwyr y nos gyda hen ffrindiau o Borth Tywyn, tad a mab y bues i'n ffodus i gael eu ffilmio ar gyfer y gyfres *Bro* y llynedd. Byddai Ray Gravell yn falch o glywed bod ysbryd teuluol clwb y Sgarlets yn dal yn fyw ac iach.

▲ Coeden afalau Enlli yn drwm gan ffrwythau.

▼ *Auricularia auricula-judae* neu clustiau'r ysgaw yn tyfu ar goeden. *Jew's ear* yw'r enw Saesneg ar y ffwng yma.

▼ Y wawr yn codi dros wlad unigryw y Cree.

**HYDREF**

▲ George Awashish yn pysgota'r afon.

# Tachwedd

Paratoi i aeafgysgu:
crwydro ardal Dysynni,
y sewin a'r Crysau Duon

## TACHWEDD 3

Mae Tachwedd wedi cyrraedd yn rhuo, gyda glaw trwm a gwyntoedd cryfion yn chwipio'r dail o'r coed. Cwympodd tipyn o law dros nos, a'r bore 'ma roedd afon Hafren wedi gorlifo yn ardal y Trallwng a Llanymynech, ac os cawn ni fwy o law heno bydd rhaid cau'r ffordd fawr. Roedd y gwyddau Canada a'r hwyaid gwyllt wrth eu boddau, cofiwch, yn nofio ar yr holl ddŵr ar hyd y caeau ac yn gwledda ar yr hadau ar yr wyneb.

Teithiais i Abergwyngregyn i arwain taith gerdded arbennig iawn. Roedd grŵp o ddeillion Gwynedd yn cerdded gyda mi, grŵp sy'n cwrdd unwaith y mis i gerdded yma ac acw ar hyd y sir. Maen nhw'n gwmni difyr a deallus iawn, ac yn gwneud i mi feddwl yn ofalus am y ffordd dwi'n disgrifio pethau. Mor aml â phosib, byddwn yn rhoi pethau fel dail ac aeron iddyn nhw gael eu teimlo cyn mynd ymlaen i sôn ychydig am yr ecoleg.

Dwi mor falch fod dyffryn Aber yn eithaf cysgodol gan ei bod wedi bwrw glaw yn ddidrugaredd drwy'r dydd. O leiaf roedd hyn yn golygu bod y mwsoglau a'r cen yn amlwg, a dwi erioed wedi gweld Rhaeadr Fawr ym mhen draw'r cwm yn edrych mor drawiadol. Roedd cymaint o ddŵr yn tasgu yn erbyn y creigiau, gellid clywed y sŵn o ben isa'r dyffryn, ac ar ôl cyrraedd y pen pellaf doedd dim angen bron i ddisgrifio'r olygfa i'r deillion gan fod y sŵn yn fyddarol a'r dŵr yn gwlychu pwy bynnag a fyddai'n ddigon hurt i fynd yn rhy agos. Er gwaetha'r gwynt a'r glaw, dwi'n meddwl bod pawb wedi mwynhau'n fawr.

Heno, mi fues yn helpu i hyfforddi tîm rygbi o dan 13 oed y Drenewydd, ac ar y ffordd adref yn y tywyllwch, gwelais ddraenog yn crwydro'r ffordd yng nghanol y pentref. Erbyn dechrau Tachwedd, fel rheol, bydd draenogod yn paratoi i aeafgysgu; ond mae hi wedi bod mor fwyn yn ddiweddar, ac roedd hwn yn anifail bywiog iawn. Hwn oedd y trydydd imi ei weld yn yr ardal yn y saith mlynedd ers inni symud i fyw i Landysil, ac mae tipyn o sôn bod cynnydd yn niferoedd y moch daear wedi cael effaith negyddol ar ddraenogod. Yn sicr, mae moch daear yn bwyta draenogod, a dwi wedi dod o hyd i gorff ambell ddraenog lle mae'r cnawd wedi cael ei fwyta'n llwyr a dim ond pigau a chroen ar ôl. Mae'n rhy fuan o lawer i ddweud pam yn union mae draenogod wedi prinhau, ond o leiaf llwyddodd yr un a welais heno ddiflannu i ddiogelwch bôn perth drwchus cyn imi yrru yn fy mlaen tuag adref.

## TACHWEDD 6

Mae'r stormydd a'r glaw wedi parhau'n ddi-dor, ond o leiaf mae'r gwyntoedd yn ystod y penwythnos yn dod o'r cyfeiriad cywir i gario adar mudol o Sgandinafia i Gymru. Ar y rhaglen radio *Galwad Cynnar* y bore 'ma, soniodd Kelvin Jones, adarydd gwych o Borthmadog, fod haid o 50 cynffon sidan wedi'u gweld ar gyrion Bangor ganol yr wythnos, a bod y coed yw ym mynwent yr eglwys yn y pentref yn drwm o gochion dan adain a socanod eira yn llarpio'r aeron cochion.

Nid oedd elyrch y gogledd ar gaeau gwastad pentref Aberhafesb heddiw wrth imi yrru i gynhadledd adaregol yng Ngharno, ond mae'n gynnar o hyd, ac fel rheol byddant yn treulio tipyn o amser yn rhai o lynnoedd bryniau Maldwyn cyn dod i ddyffryn Hafren. Cynhadledd flynyddol Cymdeithas Adaregol Cymru oedd hon, a gofynnwyd i mi roi crynodeb o'r flwyddyn ddiwethaf i agor y gynhadledd. Does dim dwywaith fod 2010 wedi bod yn flwyddyn ddiddorol i adar yng Nghymru, ac er ein bod yn clywed llawer am niferoedd adar fel y gornchwiglen a'r gog yn prinhau, mae niferoedd eraill fel y crëyr bach a'r gwalch Marthin yn cynyddu. Hefyd, nythodd boda'r gwerni yng Nghymru eleni am y tro cyntaf ers 1991; nythodd pâr o dingochiaid du yn Sir Frycheiniog; ac adeiladodd pâr o deloriaid brongoch nyth ar Ynys Enlli. Dyma'r tro cyntaf erioed i'r teloriaid bach yma geisio nythu yng Nghymru, ac roedd yn sioc a hanner i'w gweld yn ceisio bridio o feddwl mai adar glannau Môr y Canoldir ydyn nhw fel rheol.

Dwi ddim yn ddyn cynadleddau fel arfer, ond roedd heddiw'n wahanol gan i mi gwrdd â rhai o'r bechgyn oedd yn cydweithio â mi yn yr RSPB yn yr 1980au. Erbyn heddiw rydan ni i gyd yn ein pedwardegau hwyr, ond roedd brwdfrydedd pawb yn amlwg wrth i'r atgofion lifo. Yno hefyd roedd cyn-bennaeth yr RSPB yng Nghymru, Roger Lovegrove; ac er ei fod yn 75 oed bellach, mae'n parhau i fod yn ddyn egnïol iawn, ac mae sôn bod pawb am gwrdd eto ym mis Ebrill flwyddyn nesa i ddathlu pen-blwydd Roger yn 76 oed. Dwi'n edrych ymlaen yn barod.

## TACHWEDD 10

Am y tro cyntaf ers dwy flynedd a hanner, mae'r gwaith teledu wedi arafu am gyfnod. Dwi'n gwybod bod digonedd o waith yn y flwyddyn newydd felly dwi ddim yn poeni; a dweud y gwir, mae'n braf cael amser i ddal i fyny â'r gwaith radio a'r holl waith ysgrifennu dwi wedi ei esgeuluso ers tro.

Yn achlysurol, byddaf yn gwneud cyfres i Radio Cymru o'r enw *Byd Iolo*, rhaglen hawdd ei recordio. Yn syml iawn, rwy'n mynd am dro gyda rhywun sy'n gweithio yn y wlad ac yn sgwrsio am eu gwaith a'u diddordebau. Yr wythnos hon, mi fues yn ardal Dinas Mawddwy i sgwrsio ag Emyr Lewis a fu'n gipar afon am bron i ddeugain mlynedd, ac yna ar Ynys Môn i gwrdd â warden twyni Niwbwrch, Graham Williams o Gyngor Cefn Gwlad Cymru.

Dwi'n nabod Emyr ers blynyddoedd lawer, a byddaf yn dysgu rhywbeth newydd yn ei gwmni bob tro. Am iddo gipera afon Dyfi am ddeugain mlynedd, mae'n nabod pob pwll a charreg ar ei thaith i'r môr, ac mae ganddo lond trol o straeon doniol am geisio dal potsiars. Yr wythnos yma, beth bynnag, roedd Emyr yn mynd â fi i chwilio am y sewiniaid, neu frithyllod y môr, sy'n dod i afonydd gorllewin Cymru i gladdu bob mis Tachwedd.

Yn hanesyddol, mae afon Dyfi wedi bod yn afon arbennig i'r sewin, ond fel bron pob pysgodyn yng Nghymru, mae'r niferoedd wedi gostwng yn ofnadwy yn ystod y deng mlynedd ar hugain diwethaf. Er gwaetha'r holl chwilio, dim ond dau bysgodyn welon ni, un yn bysgodyn tri phwys yn paratoi i gladdu. Yn wahanol i'r eog, ni fydd y sewin yn marw ar ôl teithio i fyny'r afon i gladdu bob blwyddyn, ac er ei fod yn treulio hyd at wyth mis yn yr afon, ni fydd yn bwydo nes iddo ddychwelyd i'r môr.

Ers talwm, byddai nifer o drigolion ardal Llanymawddwy a Dinas Mawddwy yn dal ac yn cochi sewiniaid i'w bwyta yn ystod y gaeaf, ac mae'n siŵr fod nifer o gymdeithasau eraill wedi cymryd mantais o'r cynhaeaf naturiol yma ar hyd afonydd fel afon Dyfi ac afon Teifi. Mi ges i fore diddorol iawn yng nghwmni Emyr, a braf yw cwrdd â rhywun sy'n adnabod ei filltir sgwâr a'r byd o'i gwmpas cystal.

Ymlaen wedyn i Niwbwrch i gwrdd â warden y Warchodfa Natur Genedlaethol, Graham Williams. Ar adeg pan fydd llawer gormod o weithwyr ym myd cadwraeth yn treulio'r rhan fwyaf o'u hamser mewn cyfarfodydd ac yn eistedd o flaen cyfrifiaduron, roedd hi'n braf cael cwmni warden sy'n amlwg wrth ei fodd yn yr awyr agored.

Pwnc y sgwrs â Graham oedd y twyni tywod a'u bywyd gwyllt, cynefin pwysig iawn sy'n eithaf estron i rywun fel fi sydd wedi cael ei fagu yn yr ucheldir. Mae'n debyg fod twyni Niwbwrch yn dyddio'n ôl filoedd o flynyddoedd, ac wedi cael eu ffurfio'n bennaf gan wynt, stormydd a thywod. Ond mae'n debyg fod y brenin Seisnig, Edward y Cyntaf, wedi chwarae ei ran hefyd gan iddo daflu cannoedd o Gymry o'u cartrefi a'u gorfodi i fyw yn ardal Niwbwrch yn y drydedd ganrif ar ddeg. Mewn cyfnod gweddol fyr, diflannodd llawer o'r tyfiant oherwydd pori dwys y gwartheg a'r ceffylau, ac yn stormydd erchyll y ganrif honno, cafodd y tywod ansefydlog ei chwipio dros y tir a'r tai i ffurfio twyni.

Doedd fawr o liw i'w weld yno ym mis Tachwedd, ond gwelais ambell flodyn menyn ac un trilliw yn y twyni yn hwyr iawn, ond roedd digonedd o adar i'w gweld er gwaetha'r gwyntoedd ffyrnig. Cododd o leiaf ugain gïach o'r ardaloedd gwlyb y tu ôl i'r twyni, ac roedd crawcian cyson cigfrain yn ein hatgoffa bod clwydfan fwyaf Prydain lai na milltir i ffwrdd yng nghanol y coed pinwydd sy'n gorchuddio hanner gogleddol twyni Niwbwrch.

Yr adeg orau i ymweld â'r twyni yn ôl Graham yw mis Mehefin pan fydd miloedd o ddegeirianau yn gorchuddio'r ddaear ac yn troi'r ardal yn garped o liw. Mae'n gywilydd gen i ddweud nad ydw i erioed wedi ymweld â'r twyni yr adeg honno o'r flwyddyn, ond dwi wedi addo i Graham y bydda i yn ôl i weld y blodau yn eu hanterth yn 2011.

## TACHWEDD 15

Mae'r diwrnodau diwethaf wedi bod yn rhai prysur iawn yn ffilmio eitemau ar gyfer rhaglen *Autumnwatch* a fydd yn cael ei darlledu mewn tridiau. Er bod y rhan fwyaf o'r rhaglen yn fyw, mae ambell beth yn cael ei ffilmio o flaen llaw, a'r her mae'r criw wedi ei chynnig i mi ydi dod o hyd i sewin, neu frithyll y môr yn claddu. Mae'n amserol iawn, nid yn unig am mai ym mis Tachwedd mae'r pysgod yn dodwy, ond hefyd am fy mod wedi bod yn recordio ar gyfer y radio gydag Emyr Lewis, y cyn-gipar afon ychydig ddiwrnodau yn ôl.

Hyd yn hyn, dwi wedi bod yn cerdded ar lan afon Dysynni ger Craig yr Aderyn yng nghwmni arlunydd gwych o'r enw David Miller. Mae o'n creu ei arlunwaith o'r lluniau mae'n eu cymryd pan mae'n plymio o dan y dŵr, ac fel hyn mae'n dod i adnabod y pysgod yn well ac felly'n gallu trosglwyddo'r adnabyddiaeth hynny i'r canfas. Mae'n ddyn diddorol iawn sy'n frwdfrydig am fywyd gwyllt yn gyffredinol yn ogystal â physgod, ond yn anffodus ni welsom yr un sewin.

Gyda'r hwyr roedd y criw eisiau adolygu gwaith ffilmio'r dydd, felly teithiais draw i aber afon Dysynni ar hyd cwm hyfryd Craig yr Aderyn, yr unig safle yng Nghymru lle mae'r bilidowcar yn nythu ymhell o'r môr. Wedi cyrraedd yr aber, cerddais am dipyn ar hyd y traeth caregog yn chwilota'r sbwriel a oedd wedi casglu ar ôl stormydd mawr mis Tachwedd. Doedd dim byd annisgwyl i'w weld yno, ond roedd yr olygfa i'r gorllewin, wrth i'r haul fachlud a throi'r awyr yn oren, yn fendigedig. Ar ôl iddi dywyllu, roedd hi'n amser i mi gyfarfod ag Emyr Lewis unwaith eto, y tro yma i chwilio am sewin yn rhai o'r afonydd o gwmpas Tal-y-llyn. Wrth gerdded ar hyd y dorlan, dyma ddod ar draws tri chipar afon a oedd yn chwilio am botsiars. Diolch byth fod Emyr gyda ni, neu dwi'n siŵr y buaswn ar wastad fy nghefn a'm dwylo mewn *handcuffs* cyn imi allu esbonio be'n union oedd yn mynd ymlaen! Er gwaethaf holl ymdrechion Emyr, doedd dim un sewin i'w weld yn claddu, ond mi welais bedwar ceiliog sewin yn ymlwybro i fyny'r afon i chwilio am iâr a lle addas i ddodwy.

Wedi cael llond bol ar chwilota'n ofer, es i ddeorfa bysgod ger Machynlleth i weld y gwahaniaeth rhwng sewin a brithyll brown. Y gwir yw mai'r un rhywogaeth yw'r ddau ohonyn nhw, ond bod brithyll bychan sy'n ei chael yn anodd dod o hyd i ddigon o fwyd yn gadael yr afon i fynd allan i'r môr ac yn datblygu i fod yn sewin. Os oes digon o fwyd yn yr afon, bydd y brithyll bach yn aros yn ei unfan ac yn datblygu i fod yn frithyll brown.

Serch hynny, gan fod llawer mwy o fwyd yn y môr, mae sewin aeddfed yn gawr o bysgodyn ac yn fwy o lawer na'r brithyll brown. Arian yw ei liw nes ei fod yn barod i gladdu, felly mae'n edrych yn dra gwahanol i'r brithyll brown.

Heddiw hefyd, mi fues allan gyda chriw sy'n gwneud gwaith ymchwil ar y sewin i geisio rhwydo rhai yng ngheg aber afon Dyfi. Unwaith eto, doedd dim brithyll i'w gweld ond mi ddalion ni amrywiaeth diddorol o bysgod ifanc, gan gynnwys amrywiaeth o ledod, penwaig ifanc a thri physgodyn pibell – pysgod tebyg i nadroedd sy'n byw ymysg y gwymon. Bydd rhaid mentro gydag Emyr eto yn ystod y diwrnodau nesaf i chwilio am y sewin yn claddu, ond ar ôl diwrnod braf heddiw tydi hi ddim yn argoeli'n dda ar gyfer gweddill yr wythnos.

## TACHWEDD 17

Wel, mae pethau wedi gwella gan ein bod wedi llwyddo i ffilmio ceiliog ac iâr sewin yn afon Dysynni, ond yn anffodus ychydig iawn sy'n claddu ar hyn o bryd. Mae llawer o olion claddu yn afonydd yr ardal ac mae Emyr yn tybio bod y rhan fwyaf wedi dod i ddodwy rhyw bythefnos yn ôl, yn dilyn glaw trwm. Yn ogystal â brithyll y môr, rydan ni hefyd wedi llwyddo i ffilmio brithyll brown; ac er fy mod wedi dal sawl un erstalwm, dyma'r tro cyntaf imi eu gweld yn fyw yn eu cynefin naturiol.

Mae'r dyddiau diwethaf wedi bod yn wych i mi gan fy mod wedi cael esgus i ymweld â llefydd dwi wedi eu hesgeuluso ers tro byd. Nid yn unig ardal Craig yr Aderyn a'r holl adar, ond hefyd Gwm Cywarch a Llanymawddwy, yn ogystal â'r dyffryn o gwmpas Bryn-crug ac Abergynolwyn. Mae'r holl ardal yn llawn o olygfeydd godidog, a diolch i'r drefn mae'r tywydd wedi bod yn eithaf da, a dwi'n gobeithio bydd y rhan yma o Gymru yn cael ei gweld ar ei gorau ar y rhaglen nos yfory.

Neithiwr, mi fues i a'r tîm yn chwilota'r afonydd gydag Emyr tan oriau mân y bore, a diddorol oedd gweld saith crëyr glas gyda'i gilydd mewn un cae ger Mallwyd. Chwilota am bryfed genwair, llygod, llyffantod a madfallod dŵr oedden nhw, a digon o olau'r lleuad i'w galluogi i hela ymylon y pyllau bas yng nghanol y cae. Yn y gorffennol, dwi wedi gweld crehyrod yn rhannu'r un cae â bwncathod a barcutiaid, pob un yn cerdded o gwmpas yn chwilio am bryfed genwair.

Mae Emyr wedi gweithio'n galetach na neb yn ystod y dyddiau diwethaf, yn gwneud ei orau glas i ddod o hyd i sewin yn claddu. Mae hefyd yn gyfrannwr gwych ar y teledu, a dwi'n sicr y bydd cwmnïau eraill yn mynd ar ei ofyn wedi gweld ei ymddangosiad ar *Autumnwatch* nos yfory. Mae pobl fel Emyr, sydd wedi treulio blynyddoedd lawer yn yr awyr agored, yn prinhau'n aruthrol erbyn heddiw, gan fod y rhan fwyaf o wardeniaid a chiperiaid afon yn cael eu tynnu i'r swyddfa ac yn colli'r cysylltiad agos â byd natur. Yn fy marn i, mae'n hollbwysig fod unigolion mewn swyddi fel hyn yn treulio cymaint o amser ag sy'n bosibl y tu allan yn dysgu eu crefft ac yn cwrdd â phobl. Wedi'r cyfan, yn yr awyr agored mae'r bywyd gwyllt, nid mewn ystafell yn llawn cyfrifiaduron.

## TACHWEDD 20

Wel, ymddangosodd *Autumnwatch* heb unrhyw drychineb, a dwi'n credu ein bod wedi llwyddo i ddangos ardal y Dysynni ar ei gorau. Mae hi wedi bod yn hwyl cael cydweithio â chriw mor ddeallus o Fryste, ac â chymeriadau mor hoffus hefyd. Dwi'n sicr fod Cymru wedi gwneud cryn argraff arnyn nhw i gyd, a ddoe cefais gadarnhad fod rhaglen y gwanwyn, sef *Springwatch*, i'w lleoli yng ngwarchodfa Ynys Hir ar lan aber afon Dyfi. Bydd yn gyhoeddusrwydd gwych i'r ardal, ac am fod dros gant o bobl yn gweithio ar y gyfres, bydd hefyd yn dod â thipyn o arian i ganolbarth Cymru.

Heddiw mi fues yn un o gyfarfodydd pwyllgor Cymdeithas Adaregol Cymru, ac er nad ydw i'n or-hoff o bwyllgorau, roedd yn galonogol cael sgwrsio â chriw o adarwyr a chadwraethwyr brwdfrydig. Cofiwch, roeddwn wrth fy modd yn cael gadael, yn enwedig ar ôl cael neges i ddweud bod haid o gynffonnau sidan yn bwydo ar aeron yng ngerddi Coleg y Drenewydd. Brysiais draw i ddarganfod chwech o'r adar hardd yma'n cymryd dim sylw o'r bobl o'u cwmpas ac yn llarpio cymaint o aeron â phosibl.

O'u gweld yn agos, maen nhw'n adar godidog, a chan eu bod mor eofn, mae'n hawdd mynd yn agos iawn atynt. Yn anffodus, am fod niwl trwchus yn hongian dros ddyffryn Hafren, ni allwn dynnu llun da, ond os bydd y tywydd yn gwella fory af yn ôl yn syth.

Yn ystod y penwythnos, mae rhai o dimau hemisffer y de wedi bod yn chwarae rygbi yn erbyn timau Prydain, ac er bod yr Alban wedi cael buddugoliaeth wych yn erbyn De Affrica, roedd Cymru'n warthus neithiwr yn erbyn Ffiji. Gêm gyfartal a gafwyd yn y diwedd, ond hyd yn hyn mae Cymru wedi chwarae tair gêm heb ennill un. Petaswn i'n gwneud diwrnod o waith mor ddieflig o flêr, mi faswn yn chwilio am swydd newydd ddydd Llun. Duw a'n helpo ni y penwythnos nesaf yn erbyn Seland Newydd!

● ● ● ● ● ● ● ● ● ● ● ● ● ● ● ● ● ● ● ● ● ● ● ● ● ● ● ● ● ● ● ● ● ● ● ● ● ● ● ● ● ● ● ● ● ●

## TACHWEDD 23

Wythnos brysur arall, ond cefais ddigon o amser ddoe i ddringo i gopa Pen y Fan, mynydd uchaf Bannau Brycheiniog, yng nghwmni criw o ffrindiau o Gaerdydd ac Abertawe. Roedd yr haul yn tywynnu wrth imi yrru trwy'r Canolbarth, ond hyd yn oed o bell roedd hi'n amlwg fod y tywydd ar gopaon y Bannau yn wahanol iawn.

Erbyn cyrraedd maes parcio'r Storey Arms, roedd y cymylau wedi gostwng i'r fath raddau fel ei bod yn anodd gweld o gwbl, er i Derek y dyn tywydd ddweud ei bod yn mynd i fod yn braf drwy'r dydd. Dim ots, roeddem yn benderfynol o gyrraedd y copa beth bynnag a ddigwyddai, a chan fod y llwybr yn hawdd ei ddilyn, doeddwn i ddim yn meddwl ei bod yn rhy beryglus er gwaetha'r tywydd. Wedi dringo rhai cannoedd o droedfeddi, beth bynnag, dechreuodd fwrw eira; ac ychydig yn uwch na hynny roedd eira a rhew yn gorchuddio'r ddaear.

Yn ffodus, roedd pob aelod o'r criw yn gerddwyr profiadol; a chan fod gennym gotiau cynnes, esgidiau trymion, map a chwmpawd, o fewn awr a hanner roeddem wedi mynd heibio i Gorn Du ac yn anelu at y copa. Doedd fawr neb o gwmpas heblaw am ambell aelod o'r fyddin ac un gigfran fusneslyd a oedd yn gobeithio cael darn o gacen neu fara gan gerddwyr. Ar ôl tynnu ychydig o luniau, dechreuon ni gerdded i lawr i fwynhau paned er mwyn cynhesu'r esgyrn yn y maes parcio.

Bob tro dwi'n cerdded mynyddoedd Cymru, ac yn enwedig rhywle fel yr Wyddfa, dwi'n synnu pa mor wael y bydd rhai pobl wedi'u gwisgo. Ym mis Tachwedd y llynedd, gwelais deulu ifanc yn agos i gopa'r Wyddfa mewn jîns a *trainers* er gwaetha'r ffaith fod rhew yn gorchuddio'r llwybr serth. Roedd rhaid imi arwain y pedwar i lawr llwybr Penygwryd, a rhoi menig a hetiau i'r plant a chôt i'r fam rhag iddyn nhw oeri'n ormodol.

Dwi ddim yn un am fynd â sach fawr drom efo fi, ond mi fydda i bob amser yn cario ychydig o ddillad sbâr, bwyd, map a chwmpawd, ffôn symudol a bag *bivvy* i gael cysgod mewn storm. Dwi erioed wedi cael achos i'w ddefnyddio eto, diolch byth, ond mae'r dillad a'r bwyd wedi helpu ambell gerddwr oer ar hyd y blynyddoedd.

Heddiw, cefais y fraint o agor llyn plasty Gregynog ar ei newydd wedd. Mae'r garddwyr a'r staff wedi bod yn gweithio'n galed i dynnu tunelli o dyfiant o'r llyn ac i reoli nifer y coed. Mae'r gwaith yn hanfodol bwysig i gadw'r llyn yn addas i lyffantod, hwyaid, mursennod a phob math o fywyd gwyllt; ac er bod y lle'n edrych yn flêr ar hyn o bryd, o fewn chwe mis bydd natur wedi gorchuddio'r ymylon unwaith eto, a'r golau cryf wedi hybu amrywiaeth o flodau'r gwanwyn. Ar ôl yr agoriad, cafodd pawb wledd o gawl cyw iâr a selsig cig ceirw – bendigedig!

## TACHWEDD 26

Pur anaml y bydda i'n dychwelyd i Lanwddyn, pentref fy mebyd y dyddiau yma; ond ddoe cefais gyfle i ffilmio o amgylch y llyn ac ar y rhostiroedd grugog o amgylch y ffordd fynydd i'r Bala. Mae'n ardal fendigedig gyda rhai o'r golygfeydd gorau ym Mhrydain, ac mae hefyd yn lle arbennig i fywyd gwyllt.

Yn anffodus, mae'r pentref ei hun yn marw, ac yn ddiweddar mae awdurdod dŵr Hafren Trent wedi rhoi'r ystad i gyd ar werth. Pan oeddwn i'n blentyn, roedd dros hanner cant o bobl yn gweithio i'r awdurdod dŵr, ond erbyn heddiw does neb yn gwneud hynny. Mae pobl ifanc y pentref wedi gadael i chwilio am waith yn y trefi, ac mae'n drist gweld nifer o'r adeiladau yn troi'n adfeilion. Yn ôl y sôn, mae'r RSPB yn ceisio prynu'r tir, ond yn anffodus does gan y bobl leol fawr o gariad tuag atynt.

Ddoe, roedd yr holl ardal yn edrych yn fendigedig yn yr awyr las, a barrug llwydwyn yn gorchuddio'r tir. Roedd hyd yn oed brigau'r coed derw yn ymestyn dros ddŵr y llyn a oedd wedi rhewi'n gadarn, ond rhwng y cannoedd o ffesantod a'r bwncathod yn cylchu uwchben, roedd digon o fywyd gwyllt o gwmpas. Nid yw'r llyn ei hun yn adnabyddus am ei adar gan ei fod mor ddwfn, ond roedd haid gymysg o hwyaid gwyllt a chorhwyaid yn bwydo ar y tyfiant yn y dŵr bas, ac ambell hwyaden gopog yn y dŵr dwfn.

Ar y llaw arall, roedd y mynydd grugog yn farwaidd. Cynefin adar y gwanwyn yw hwn gan fod y gaeafau yma yn gallu bod yn farwol. Doedd dim un aderyn nac anifail i'w weld, ddim hyd yn oed y gigfran, ond roedd yr olygfa'n odidog serch hynny. Dyma fy hoff gynefin a'm hoff fynyddoedd, a dyma lle bydda i'n dianc o dro i dro i fwynhau'r llonyddwch.

## TACHWEDD 30

Mae'r tywydd wedi troi'n aeafol iawn, a'r tymheredd ddechrau'r wythnos yn gostwng i ddeunaw gradd celsiws o dan y rhewbwynt yn Llysdinam, record i Gymru ym mis

Tachwedd. Er bod rhyw ddwy fodfedd o eira wedi cwympo yma yn y Canolbarth, mae gogledd Lloegr a rhannau o'r Alban wedi dioddef hanner metr bron o eira yn ystod y diwrnodau diwethaf, a mwy ar y ffordd.

Yn ystod y penwythnos, mi fues yng Nghaerdydd i weld tîm rygbi Cymru yn herio tîm gorau'r byd, y Crysau Duon. Ar ôl gwylio'r *Haka* brawychus, doeddwn i ddim yn obeithiol am dîm Cymru, yn enwedig pan sgoriodd Seland Newydd ddau gais mewn llai nag ugain munud, ond mi frwydrodd y crysau cochion yn dda; ac oni bai am gamgymeriadau elfennol ar adegau allweddol, gallai fod yn agosach o lawer na'r sgôr terfynol 37-25. Mae awyrgylch arbennig pan fydd Seland Newydd yn chwarae, ond bydd rhaid aros blwyddyn arall o leiaf cyn ceisio'u curo am y tro cyntaf ers 1953.

Mae'r tywydd oer wedi anfon dwsinau o adar i'r ardd i chwilio am fwyd a chysgod, ac mewn dau ddiwrnod, maen nhw wedi bwyta digon o fwyd i fwydo haid o ddrudwenod am fis! Yn ogystal â'r titŵod, y ji-bincs, yr adar to a'r adar duon sy'n dod at y bwrdd adar, daw cnocell fraith fwyaf i fwydo ar y peli braster dwi'n eu hongian o gelynnen, a phedair pioden i larpio unrhyw fara sy'n cael ei daflu ar y lawnt. Dwi ddim yn hoff o bïod, ond does dim dwywaith eu bod yn adar hardd tu hwnt.

▲ Prawf ein bod ni wedi cyrraedd copa Pen y Fan.

▼ Diwrnod perffaith o aeaf yn Nhal y-llyn.

TACHWEDD

◄ Iâr hwyaden ddanheddog yn haul y bore.

➤ Niwl dros Gwm Rhiwarth yng nghesail mynyddoedd y Berwyn.

◀ Yr haul yn cynhesu'r creigiau oddeutu goleudy gwarchodfa Ynys Lawd.

▲ Machlud haul godidog dros orllewin Ynys Môn.

# Rhagfyr

Mis oeraf y ganrif: colli Gweni, aderyn y bwn a'r Nadolig.

## RHAGFYR I

Collais fy ffrind gorau heddiw. Gast oedd Gweni a oedd wedi bod yn gyfaill agos a chysgod cyson am bron i bedair blynedd ar ddeg. Roedd wedi bod yn gloff am fwy na mis, ond wedi cymryd pelydr-x o'i choes y bore 'ma, dywedodd y milfeddyg fod cancr yn datblygu yn yr ysgwydd. Doedd fawr o ddewis felly ond rhoi cwtsh iddi am y tro olaf wrth i'r milfeddyg ei rhoi i gysgu.

Yn barod, ar ôl cyrraedd adref, rwy'n ei cholli'n fawr. Does dim lwmp mawr du yn chwyrnu ar y soffa, na llygaid brown yn syllu arna i wrth imi baratoi ei bwyd. Lle'r oedd dwy bowlen fwyd, un binc i Gweni ac un llwyd i Ianto, nawr does dim ond un. Fydd bywyd byth yr un fath eto yn ein tŷ ni, ac nid yw'r ffaith ei bod wedi cael bywyd hir a hapus yn fawr o gysur imi heddiw. Nos da, Gweni fach, welwn ni byth mo dy fath eto.

## RHAGFYR 4

Nid yw'r tymheredd wedi codi'n uwch na'r rhewbwynt am bron i bythefnos, a ddoe wrth yrru i ddal y trên i Craven Arms, roedd y tymheredd bymtheg gradd celsiws o dan y rhewbwynt am wyth o'r gloch y bore. Cofiwch, roedd y wlad yn edrych yn brydferth gyda rhew ac eira'n gorchuddio popeth, hyd yn oed yr ychydig ddail sy'n dal i hongian ar ambell frigyn cysgodol. Druan o'r ysgyfarnog a oedd yn crwydro bôn y gwrychoedd ar ymylon cae gwair ger yr Ystog yn chwilio'n aflwyddiannus am fwyd.

Wel, bydd yr ysgyfarnog a phawb arall yn hapus y bore 'ma o weld bod y tymheredd wedi codi, a'r glaw mân parhaus wedi dadmer y rhan fwyaf o'r eira a'r rhew. O'r diwedd, mae gwyrddni'r glaswellt wedi dod i'r golwg unwaith eto, a'r rhew wedi diflannu o lynnoedd yr ardal. Mewn dim o dro, mae'r hwyaid gwyllt yn ôl ar y dyfroedd, ond lle maen nhw wedi bod, a sut ar y ddaear maen nhw'n gallu dychwelyd mor sydyn?

Fel rheol, bydd adar gwyllt yn hedfan i'r gorllewin a'r de i osgoi'r tywydd garw, ond gall adar hefyd ddod o hyd i loches yn lleol. Mae gwaith carthffosiaeth y Drenewydd, er gwaetha'r drewdod, yn un o'r safleoedd yma gan fod tymheredd y dŵr cynnes yn sicrhau nad yw byth yn rhewi. Wythnos yn ôl, yng nghanol y rhew mawr, roedd dwsinau o hwyaid o dros hanner dwsin o wahanol rywogaethau yn gorffwys ac yn bwydo ar ddau lyn bychan iawn, yn ogystal â thair rhegen y dŵr a phedwar crëyr glas.

Yn ôl rhagolygon y tywydd ar S4C heno, mae mwy o rew ac eira ar y ffordd. O wel, o leiaf mae'n braf cael gaeafau go iawn yn hytrach na'r gaeafau mwyn rydan ni wedi eu profi ers rhai degawdau bellach, ond dwi'n edrych ymlaen yn fawr at y gwanwyn, mae'n rhaid imi gyfaddef.

## RHAGFYR 7

Am unwaith, roedd y dyn tywydd yn gywir. Mae'r tymheredd wedi plymio i bymtheg gradd o dan y rhewbwynt gyda'r nos, a rhyw bum gradd o dan y rhewbwynt yw'r tymheredd uchaf yng nghanol y dydd. Ddoe, mi fues yng Nghorsydd Teifi ger Aberteifi, un o warchodfeydd gorau gorllewin Cymru gyda'r cymysgedd o gorstir, coedwig gollddail hynafol a cheunant wedi ei hollti gan afon Teifi.

Doedd fawr ddim i'w weld yn y gors ei hun er gwaetha'r ffaith fod aderyn y bwn wedi bod yn bwydo ymysg yr hesg yn ddiweddar, ond roedd rhew trwchus yn gorchuddio'r pyllau i gyd. Mae'n debyg fod yr adar wedi camu ar draws yr afon achos roedd dwsinau o adar i'w gweld yno, gan gynnwys corhwyaid, hwyaid gwyllt, crehyrod glas a dau grëyr gwyn.

Seren y sioe, fodd bynnag, oedd llwynoges hardd yn crwydro'r caeau yn chwilio am fwyd cyn mentro i ymyl y dŵr, efallai i geisio dal un o'r hwyaid. Ffrwydrodd yr adar i'r awyr pan welsant llwynoges, yr hwyaid ar y lan yn neidio i'r dŵr a'r gïachod cudd yn hedfan i'r gors. Druan o'r llwynoges, doedd dim byd am fentro'n ddigon agos i'w dannedd miniog i wneud pryd o fwyd, a bu'n rhaid iddi symud yn ei blaen a'i bol yn wag.

Ar y ffordd adref, galwais heibio i bentref Llangrannog i gwrdd â dau naturiaethwr o Gyngor Sir Ceredigion sydd wedi gwneud llawer o waith i hybu llwybr arfordir y sir. Mae'r llwybr yma'n ymestyn o Aberteifi yr holl ffordd i aber y Ddyfi trwy dirwedd sydd ymysg y mwyaf trawiadol yng Nghymru, er ei bod yn llawer llai enwog na llwybr arfordir Penfro.

Mae'n gywilydd gen i ddweud mai dyma'r tro cyntaf imi ymweld â Llangrannog mewn degawd, ac roeddwn wedi anghofio pa mor hardd yw'r ardal gyda'r traethau tywodlyd, ei hogofâu dirgel a'i chlogwyni talsyth. Yn yr haf mae'n llawn twristiaid, ond ar ddiwrnod oer o aeaf doedd fawr neb arall yno i fwynhau'r golygfeydd godidog, ar wahân i fi a'r gwylanod swnllyd.

## RHAGFYR 10

Echdoe gyrrais i Craven Arms er mwyn teithio i Gaerdydd ar y trên, ac ar ôl cyrraedd mewn digon o bryd, roeddwn ychydig yn ddig fod y trên yn hwyr. Ar ôl sefyll yn yr oerfel am dros hanner awr, ffoniodd dynes oedd yn aros hefyd y cwmni trenau a chael eu bod wedi canslo'r trên yn gyfan gwbl. Doedd dim arwydd i'n rhybuddio ni o hynny a ddaeth neb draw i dorri'r newydd inni. Sut ar y ddaear mae cwmni'n cael canslo trên yn hollol ddirybudd fel hyn? Mae'n warthus, ac er fy mod bob amser yn gwneud ymdrech i deithio ar drenau, mae'n gwneud i rywun feddwl ddwywaith cyn gadael y car ar ôl. Doedd dim amdani felly ond neidio i'r cerbyd, gyrru i Gaerdydd a chyrraedd dros hanner awr yn hwyr; a dwi'n casáu bod yn hwyr, credwch chi fi. Diolch yn fawr iawn, Arriva, am eich gofal trylwyr o'ch teithwyr.

Ddoe, cefais gyfle i gymryd rhan yn sioe radio foreol Caryl a Dafydd, yr unig sioe y bydda i'n gwrando arni'n gyson. Mae rhyw gemeg unigryw rhwng Dafydd Du a Caryl Parry Jones sy'n gwneud y rhaglen yn fywiog ac yn ddoniol, ac roedd yn fraint cael bod yn eu cwmni am chwarter awr yn sgwrsio am bopeth dan haul. Roedd hefyd yn gyfle i atgoffa'r holl wrandawyr am bwysigrwydd gosod bwyd a dŵr i adar yr ardd yn y tywydd oer, a pharhau i wneud hynny trwy gydol y gaeaf.

Yn y prynhawn, cefais gyfle i gerdded yng ngwarchodfa Bae Caerdydd yng nghwmni un o'm hoff bobl – y darlledwr, y nofelydd a'r naturiaethwr Jon Gower. Roedd Jon a minnau'n byw yn yr un tŷ yn y Drenewydd am gyfnod gwallgof yn yr 1990au, ac rydan ni'n dal i fod yn ffrindiau agos er na fyddwn yn gweld ein gilydd yn aml iawn. Roedd hi'n braf, cael cwmni cymeriad mor ddiddorol, a chyfle i grwydro gwarchodfa newydd yn yr haul.

Mae hanes y Bae yn un trist i unrhyw naturiaethwr gan fod aber yr afonydd Taf ac Elái wedi cael eu boddi ddegawd yn ôl er mwyn creu pwll dŵr a thai crand i *yuppies* Caerdydd, er gwaetha'r ffaith fod yr aber ar y pryd yn cael ei ddiogelu gan y gyfraith. Mae'n enghraifft wych o'r ffordd y bydd busnes ac arian mawr yn trechu bywyd gwyllt bob tro.

Mae'n rhaid dweud ein bod wedi gweld glas y dorlan ysblennydd, bras y crys, gïach a gwyachod bach; ond nid yw hyn yn cymharu â miloedd o bibyddion coesgoch, hwyaid yr eithin a phibyddion y mawn a oedd yn arfer troedio mwd yr aber nes i'r morglawdd foddi'r cyfan. Yn y dyfodol, byddaf yn gadael y Bae a'r warchodfa i'r *yuppies*, ond o leiaf roedd hi'n braf cael y cyfle i gwrdd â Jon yn ei filltir sgwâr.

## RHAGFYR 13

Cefais gyfarfod y bore 'ma ag un o swyddogion Ymddiriedolaeth Natur Maldwyn, sef y mudiad cadwraethol sy'n gwarchod bywyd gwyllt y sir. Maen nhw'n gwneud gwaith arbennig, ond yn ddiweddar, o achos y sefyllfa economaidd, mae nifer o'r swyddogion wedi colli eu gwaith a'r gweddill wedi dioddef toriad sylweddol yn eu cyflogau. Y siom fawr yw fod yr argyfwng ariannol wedi cyrraedd ar ganol adeg o gydweithio agos rhwng yr Ymddiriedolaeth a ffermwyr ar fynydd Pumlumon i geisio sicrhau dyfodol y bywyd gwyllt, y dirwedd a'r bobl; a thra bod y rhan fwyaf o brosiectau wedi eu cyfyngu i warchodfeydd bychain, mae hwn yn cynnwys mynydd cyfan.

Dwi'n cofio adar prin fel cwtiaid aur a grugieir duon yn nythu ar y mynydd, a'r gobaith yw y byddan nhw'n ffynnu unwaith eto yn y dyfodol agos drwy reoli'r tir yn iawn, ond mae angen llond trol o arian cyn i hynny ddigwydd. Mae sôn bod cwmni yswiriant mawr â diddordeb mewn cefnogi'r cynllun, ond mae pethau yn y fantol ar hyn o bryd.

Ddoe gyrrais heibio i Theatr Hafren a maes parcio'r coleg yn y Drenewydd i weld a oedd yr haid o gynffonnau sidan o gwmpas o hyd. Ar ôl treulio hanner awr yn syllu ar ddim byd, dwi'n eithaf sicr fod yr adar wedi symud ymlaen, yn enwedig gan fod pob un o aeron y coed criafol wedi diflannu. Dyma'n union y mae'r adar mudol hardd yma'n ei wneud: aros ar un safle am gyfnod, bwyta'r bwyd i gyd ac yna symud ymlaen. Druan o'r adar duon a'r bronfreithod sy'n aros yn yr ardal, ond dwi'n sicr y bydd digon o fwyd gerllaw i'w cynnal dros y gaeaf.

Mwy o dywydd rhewllyd ar y ffordd erbyn diwedd yr wythnos, yn ôl y dyn tywydd. Mae pawb wedi hen syrffedu ar yr eira, ond bydd y bechgyn wrth eu boddau, yn enwedig os bydd yn golygu diwrnodau i ffwrdd o'r ysgol. A dweud y gwir, mae'n fy atgoffa o'm plentyndod yn Llanwddyn pan fyddem yn cael o leiaf wythnos i ffwrdd o'r ysgol bron bob gaeaf o achos eira mawr. Nid yw plant byth yn newid, ac mae'n braf clywed yr holl chwerthin pan fyddant allan yn chwarae â pheli eira ac yn sledio. Yn sicr, mae'n well na'u gweld yn eistedd ar eu penolau yn chwarae gêmau ar y cyfrifiadur.

## RHAGFYR 16

Rwy'n ysgrifennu hwn ar y trên i Gaerdydd, a thrwy'r ffenestr mae'r wlad yn gwibio heibio o dan awyr dywyll, fygythiol. Nid yw'r eira wedi cyrraedd eto, ond mae'n sicr o ddod yn ddigon buan.

Ddoe, cefais alwad ffôn gan hen ffrind sy'n byw ar Ynys Môn i ddweud ei fod wedi clywed gan rywun a oedd wedi ei gynddeiriogi o weld heliwr yn saethu dros ugain chwiwell gydag un gwn mawr ar y Foryd ger Caernarfon. *Punt gun* yw'r enw Saesneg ar y gynnau mawr yma, ac er bod saethu cynifer o hwyaid yn fandaliaeth lwyr yn fy marn i, mae'n hollol gyfreithlon. Fel rheol, bydd heliwr yn mynd i'r aber yn nhywyllwch oriau mân y bore ar gwch, sef y *punt*, gyda'r gwn anferth yma o'i flaen ac yn aros i'r hwyaid hedfan uwch ei ben. Does dim byd gen i yn erbyn hela hwyaid gan fod helwyr yn plismona'r aberoedd yn dda iawn ac yn helpu i ddiogelu nifer o'r llefydd gwyllt yma, ond mae *punt gunning* i fi yn rhywbeth sy'n perthyn i'r ddeunawfed ganrif.

Dwi'n cofio digwyddiad ar aber afon Dyfrdwy rhyw bymtheng mlynedd yn ôl, pan oeddwn i'n gweithio i'r RSPB. Bryd hynny, saethodd heliwr dros 70 o hwyaid gydag un o'r gynnau erchyll yma, ond hefyd saethodd o leiaf bedwar pibydd coesgoch, adar a ddiogelir gan y gyfraith. Er i'r warden lleol a dau ffrind weld hyn, doedd dim tystiolaeth gadarn gan fod yr heliwr wedi gadael i gyrff y pibyddion gwympo i'r gors; a heb gi, roedd hi'n amhosibl mynd i'w nôl cyn i'r llanw ddod i mewn.

Hyd yn oed pe na bai wedi saethu'r pibyddion, pwy ar y ddaear sydd angen 70 hwyaden? Ac yn siŵr i chi, byddai canran uchel o'r adar yn dal i anadlu ac yn marw mewn poen ymysg yr hesg. Dwi'n gwrthwynebu'r math gwastraffus a chreulon yma o saethu yn llwyr, a phe buaswn yn heliwr hwyaid, mi fuaswn yn grac fod y math yma o hela'n parhau.

## RHAGFYR 18

Mae'r eira wedi cyrraedd, ond yn wahanol i'r arfer mae'n llawer gwaeth yn ne Cymru nag yn y Canolbarth. Cawsom ryw wyth centimetr o eira dros nos a'r bore 'ma, ac roedd y pentref a'r cwm i gyd yn edrych yn hardd dros ben o dan awyr las, ddigwmwl.

Wedi sicrhau bod digonedd o fwyd ar gyfer yr adar aeth Ceri, y plant a fi am dro gyda phedwar teulu arall ar hyd y ffordd gefn i Drefaldwyn am ginio. Daeth y plant â'u sled er mwyn llithro i lawr pob rhiw ar y ffordd, gan gynnwys y rhiw serth sy'n arwain o'r castell i'r dref. Diolch byth, doedd dim un cerbyd ar y ffordd, ac roedd y plant yn fedrus tu hwnt yn mynd rownd y corneli nes cyrraedd neuadd y dref.

Roedd adfeilion castell Trefaldwyn yn urddasol o gadarn ar ben y bryn ymysg yr holl eira, yn edrych i gyfeiriad canolbarth Lloegr. Castell y Saeson oedd hwn, a chastell y Cymry ychydig filltiroedd i'r gorllewin ger Dolforwyn; a bron i wyth canrif yn ôl, byddai'r caeau o amgylch y castell yn goch gan waed ar adegau. Heddi, beth bynnag, roedd llonyddwch trwm dros y wlad.

Er i mi gael cinio swmpus yng Ngwesty'r Ddraig, roedd y plant yr un mor ddireidus ar y daith yn ôl ac yn awyddus iawn i ailgreu rhyfel y cestyll, y tro yma gyda pheli eira yn hytrach na bwa a saeth. Dwi wrth fy modd yn taflu peli eira, ac ar ôl awr o frwydro dwi'n amau mai'r oedolion enillodd y frwydr; ond chwarae teg i'r plant, doedden nhw ddim am roi'r ffidil yn y to yn rhwydd. Ar ôl i'r frwydr ddod i ben, roedd hi'n amser i bawb fynd yn ôl i'w cartrefi am baned o de a mins-pei o flaen y tân. Diwrnod bendigedig.

. . . . . . . . . . . . . . . . . . . . . . . . . . . . . . . . . . . . . . . . . . . . . . . . . . . . . . . .

## RHAGFYR 21

Nid yw'r tymheredd wedi codi uwchben naw gradd o dan y rhewbwynt drwy'r dydd heddiw, ac mae'r adar druan yn dod i'r ardd yn eu dwsinau. Dwi wedi prynu dwy sach fawr o hadau cymysg ac wedi'u tywallt ym môn y gwrych fel nad oes raid iddyn nhw ddod i'r tir agored, a dwi wedi malu dwsinau o afalau goraeddfed i'r adar duon a'r haid fechan o socanod eira sy'n dod i'r ardd. Ar ben hynny, mae'r titŵod, y drudwy a'r adar to yn bwyta tua wyth o beli braster bob dydd.

Cerddais ar hyd y gamlas o Aberbechan i'r Drenewydd y bore 'ma, a darganfyddais grëyr glas ifanc a oedd wedi llwgu. Roedd ei gorff ynghlwm yn y rhew trwchus a oedd yn gorchuddio'r gamlas nes imi ei ryddhau, ond dyma fydd tynged llawer o'r adar dŵr y gaeaf yma. Bydd crehyrod a gleision y dorlan yn cael bwydo'n amhosibl pan fydd y dŵr wedi rhewi am gyfnod hir fel hyn; ac er bod rhai yn dianc drwy hedfan i'r arfordir, bydd cannoedd yn marw.

Yn yr ychydig ffosydd a oedd wedi osgoi'r rhew, roedd tair rhegen y dŵr yn bwydo'n frwd. Fel rheol mae'r rhain yn adar swil iawn, ond heddiw, o achos diffyg bwyd, gallwn gerdded o fewn pum metr i'r tair yn bwydo gyda'i gilydd. Wrth gwrs, fel pob tro y gwelaf rywbeth anghyffredin, roeddwn wedi gadael y camera yn y car!

. . . . . . . . . . . . . . . . . . . . . . . . . . . . . . . . . . . . . . . . . . . . . . . . . . . . . . . .

## RHAGFYR 23

Mae'n parhau i rewi ddydd a nos, ond diolch byth dydyn ni ddim wedi cael mwy o eira ers rhai dyddiau bellach. Mae'r papurau a'r cylchgronau'n llawn o straeon am fywyd gwyllt yn dioddef, a dywedodd ffrind o Lanfairfechan ei bod wedi gweld brân goesgoch – aderyn prin sy'n bwydo ar drychfilod yn y pridd fel arfer – yn chwilota am bryfed lludw o dan risgl derwen mewn coedwig gollddail. Pan fydd y tywydd mor oer cyhyd, mae'n rhaid i'r anifeiliaid addasu neu farw, ac yn sicr dyma'r tro cyntaf imi glywed am frân goesgoch yn ymddwyn fel hyn.

Mae sgrech y coed wedi dechrau dod i'r ardd i chwilota am fwyd, rhywbeth dwi ddim wedi ei weld yn y saith mlynedd ers inni symud i'n tŷ presennol. Fel rheol mae'r rhain yn adar swil iawn, ond mae hwn yn eithaf eofn ac yn dod yn ddyddiol i fwydo ar y cnau a'r brechdanau bara brown dwi'n eu taflu allan. Mae gofyn iddo gystadlu â dwy lygoden y coed am yr hadau mân, a dwi wedi cael oriau o hwyl yn gwylio'r anifeiliaid bychan yma'n twnelu o dan yr eira cyn tyllu eu ffordd at y cnau, a chario cymaint ag sy'n bosibl i gysgod y llwyni. O hyn ymlaen, mi fydda i'n taflu'r hadau i'r gwrych fel nad oes raid iddyn nhw fentro i'r tir agored.

Er gwaetha'r oerfel, mae'r dylluan frech yn swnllyd iawn wedi iddi nosi. Gan eu bod yn nythwyr cynnar, byddant yn sefydlu eu tiriogaeth tuag at ddiwedd yr hydref, a phob nos mi fydda i'n clywed y ceiliog yn galw ar ei gymar. Mae'n braf cerdded yn hwyr yn y nos, y lleuad yn goleuo'r dirwedd wen, a chlywed y tylluanod yn galw'n gariadus ar ei gilydd. Mae'n arwydd fod y gwanwyn ar ei ffordd er gwaetha'r gaeaf caled.

......................................................................................

## RHAGFYR 26

Dim arwydd o'r gwanwyn eto, beth bynnag, a, hyd yn oed yng nghanol y dydd, nid yw'r tymheredd yn codi uwchben pum gradd o dan y rhewbwynt. Mae'n debyg mai dyma Rhagfyr oeraf ers 1894, ac ers dechrau'r mis dim ond ar ddau ddiwrnod mae'r tymheredd wedi codi'n uwch na'r rhewbwynt yma yn Llandysil.

Cawsom ddydd Nadolig bendigedig, y teulu i gyd yn agor eu hanrhegion yn y bore a ffrind yn dod ar ei feic pedair olwyn am ginio yn y prynhawn. Ar ôl bwyta pryd anferth o fwyd, aeth y pump ohonom o amgylch y pentref ar gefn y beic i ddymuno 'Nadolig Llawen' i bawb, ond yn y tŷ ddau ddrws oddi wrthym roedd y teulu'n aros amdanom â llond berfa o beli eira. Wedi taflu ffyrnig, penderfynwyd mynd i'r tŷ am fins-pei a sieri, neu sawl potel o sieri fel mae'n digwydd, yna dychwelyd adref i wylio'r teledu o flaen tân glo braf.

Fore Nadolig, daeth Dewi â cholomen ifanc i'r tŷ. Mae haid o golomennod wedi bod yn chwilota am fwyd ymysg y coed uwchben y tŷ ers rhai wythnosau, ac er gwaetha'r ffaith mod i'n taflu hadau ar y ddaear, mae'n amlwg fod sawl un yn dioddef yn arw yn y tywydd caled yma. Un ifanc oedd hon, dim ond tua chwe wythnos ers iddi adael y nyth, ac roedd rhyw anifail rheibus wedi crafangu ei chefn a'i bron. Er nad oedd yr anafiadau'n ymddangos yn rhy ddrwg, roedd yn amlwg yn dioddef, a bu'n rhaid imi ei rhoi i gysgu yn y pen draw.

Pan fydd y tywydd yn galed am gyfnod hir, yr adar ifanc, dibrofiad sy'n dioddef fwyaf; a chyda rhai rhywogaethau, bydd tua thri chwarter o'r adar ifanc yn marw yn ystod y gaeaf cyntaf. Dwi ddim yn hoffi lladd unrhyw greadur, ond dwi'n hollol fodlon gwneud hynny pan fydd yr anifail yn dioddef yn ddiangen. Teflais y corff i ganol cae cyfagos gan obeithio y byddai'n cynnig bwyd i anifail rheibus. Erbyn y bore 'ma roedd y corff wedi diflannu, ond roedd olion traed llwynog yn amlwg iawn yn yr eira. Does dim yn cael ei wastraffu ym myd natur.

A sôn am wastraff, mae ysgerbwd y twrci bellach ar foncyff cadarn yr ochr arall i'r ffordd gul sy'n mynd heibio'r tŷ, ac yn ganolbwynt i dros hanner dwsin o adar duon sy'n llarpio'r braster fel siarcod. Yn ogystal â'r cnau y bydda i'n eu prynu, dwi'n rhoi sbarion pob darn o fara neu gacen i'r adar, yn aml gyda braster o'r selsig neu ddarnau o gig wedi eu harllwys drostynt. Does dim rhaid gwario ffortiwn i fwydo'r adar, ond mewn tywydd fel hyn, mae rhoi bwyd a dŵr iddynt yn hollbwysig.

## RHAGFYR 28

O'r diwedd, ar ôl mis o dymheredd o dan y rhewbwynt, mae'r eira wedi dadmer. Dechreuodd yr eira ddiflannu ddoe ar ôl glaw ysgafn dros nos, ac erbyn y bore 'ma roedd bron popeth yn wyrdd unwaith eto. Mae'r adar duon wedi bod yn chwilio am fwydod ar y lawnt, ac yn wyrthiol, mae dail eirlysiau yn dechrau ymddangos fel bysedd bach gwyrdd yn y cloddiau. Mae'n rhaid bod y gorchudd trwchus o eira wedi gweithio fel blanced anferth i ddiogelu'r dail rhag y tymheredd gwaethaf, a nawr bod yr eira wedi diflannu, bydd y blodau gwyn cyfarwydd yn ymddangos mewn dim o dro.

Ddoe, rhedais chwe milltir ar hyd y gamlas o Aber-miwl i'r Drenewydd am y tro cyntaf ers misoedd, ac er bod yr eira wedi diflannu o'r caeau, roedd rhew trwchus yn dal i dagu'r dŵr agored. Yn yr haen denau o eira ar ben y rhew, roedd pob math o olion anifeiliaid yn amlwg, gan gynnwys olion traed crehyrod glas, ieir dŵr, llwynogod, cwningod, minc a dyfrgwn.

Yn ymyl Gwarchodfa Pwll Penarth, roedd rhan o'r hen gamlas wedi dadmer, ac wrth fynd heibio gwelais ddwy regen y dŵr yn gwthio'u crymanbigau hir coch i'r mwd meddal i chwilio am fwydod. Mae'r rhain fel rheol yn adar swil iawn sy'n aros yng nghanol yr hesg, ond gan fod y pyllau i gyd wedi rhewi, roedd yn rhaid iddyn nhw chwilio am fwyd yn yr hen gamlas. Wrth imi agosáu, beth bynnag, rhedodd y ddwy nerth eu traed i gwlwm o lystyfiant tal i guddio.

Wrth imi ysgrifennu, mae'r titŵod a'r adar to yn dal i larpio'r peli braster yn y gwrych, ac mae ceiliog ffesant wedi ymuno â'r adar duon a'r ddwy fronfraith i chwilio am drychfilod yn y lawnt. Y bore 'ma, roedd dau wyfyn Rhagfyr ar ffenestr yr ystafell ymolchi, ac mae pryfed mân i'w gweld yn hedfan uwchben rhai o'r llwyni. Mae natur i gyd yn dathlu diwedd yr eira mawr.

## RHAGFYR 31

Mae dau ddiwrnod ola'r flwyddyn wedi bod yn llawn bwrlwm. Bore ddoe, rhedais ar hyd y gamlas unwaith eto, a diddorol oedd gweld amrywiaeth o adar yn bwydo ar yr aeron sydd wedi cael eu dadorchuddio ers i'r eira ddiflannu. Roedd y rhain – aeron coed drain duon a rhosod gwyllt yn bennaf – wedi cwympo o'r brigau yng ngwyntoedd cryfion diwedd Tachwedd ac wedi eu cuddio am fis cyfan gan gwrlid o rew ac eira.

Nid adar yn unig oedd wedi bod yn llarpio'r aeron. Roedd dwsinau o dyllau llygod pengron yn ymddangos o wair y bustach ar ymyl y llwybr, ac yn ôl y nifer o hadau yn y gwair roedd yn amlwg fod y llygod wedi cymryd mantais o'r trwch o eira uwch eu pennau i wledda ar yr aeron.

Wedi cyrraedd canol y dref, cefais sioc o weld wyth iâr ddŵr yn bwydo ochr yn ochr â thros ddeugain hwyaden wyllt ar lannau afon Hafren. Bydd pobl leol yn taflu bara a hadau i'r hwyaid yn ddyddiol, ond peth digon annisgwyl yw gweld cynifer o ieir dŵr yn mentro i faes parcio prysur. Mae'n arwydd fod bwyd yn brin er gwaetha'r ffaith fod yr eira wedi diflannu, a chan fod wythnosau eto cyn i'r gwanwyn gyrraedd, ni fydd yn hawdd i'r bywyd gwyllt ar ddechrau'r flwyddyn newydd.

Ar y daith fer adref o'r dref, daliodd lliw golau yng nghanol pentwr o eiddew fy sylw. Mae'r eiddew yn amgylchynu twll dwfn mewn hen dderwen, ac ers rhai blynyddoedd mae pâr o dylluanod bychain wedi nythu ynddo. Wrth imi agosáu, gwelais mai tylluan oedd hon hefyd, ond tylluan wen, nid un fach. Roedd hi'n clwydo yng ngheg y twll, ei llygaid wedi cau'n dynn a'r eiddew trwchus yn sicrhau na allai neb ei gweld yn hawdd. Dyma'r tro cyntaf imi weld un yn yr ardal ers blynyddoedd lawer, a'r gobaith nawr yw y bydd pâr yn penderfynu nythu yn y twll pan ddaw'r gwanwyn. Byddaf yn cadw golwg ar y sefyllfa.

Prin yr oeddwn wedi cael amser i gael paned ar ôl cyrraedd adref pan ganodd y ffôn. Perchennog iard lo oedd yno yn dweud ei fod wedi codi aderyn mawr brown tebyg i grëyr glas o ganol ffordd brysur ym mhentref Llandinam, ac yn holi tybed allwn i wneud rhywbeth i'w helpu. Doedd dim amdani ond mynd draw i nôl yr aderyn a'i gludo i ysbyty anifeiliaid yn nhref Much Wenlock ger Amwythig, ond y peth cyntaf i'w wneud wrth gwrs oedd darganfod beth yn union oedd yr aderyn.

Dychmygwch y sioc pan agorais focs mawr a gweld aderyn y bwn yn syllu arnaf, a'i big fel cyllell yn barod i ymosod. Ymwelwyr gaeafol prin i Gymru yw'r rhain, ond mae llawer wedi dod o'r cyfandir y gaeaf yma i geisio osgoi'r tywydd garw. Roedd yr un yma wedi bod yn chwilio am bwll o ddŵr i fwydo ar bysgod neu lyffantod, ond gan fod pob man wedi rhewi'n gorn ers mis bellach, roedd yr aderyn druan bron â llwgu.

Diolch byth, roedd Tomos y mab a minnau'n gallu ei gludo i ofal ysbyty arbenigol dros y ffin, ac os bydd yn fyw ac yn iach, dwi am fynd i'w nôl mewn ychydig wythnosau a'i ryddhau yng ngwarchodfa Dolydd Hafren lle mae digonedd o byllau a hesg iddo guddio a bwydo'n ddiogel.

Heddiw, ar ôl wythnosau o fod yn eithaf segur, teithiodd y bechgyn, fy nhad-yng-nghyfraith a minnau i Gaerdydd ar y trên i weld gêm rygbi rhwng y Gleision a'r Gweilch. Roedd hi'n gêm gyffrous, a'r Gleision yn ennill o ddau bwynt. Ar ôl teithio adref ar hyd y ffin, aeth y teulu i gyd i dafarn y pentref i orffen blwyddyn gyffrous yn y ffordd orau posibl, gyda llawer o hwyl ymhlith ffrindiau da. Blwyddyn Newydd Dda i chi i gyd.

▲ Aderyn y bwn yn cadw'n gynnes mewn bocs wedi iddo gael gofal gan Tomos y mab.

RHAGFYR

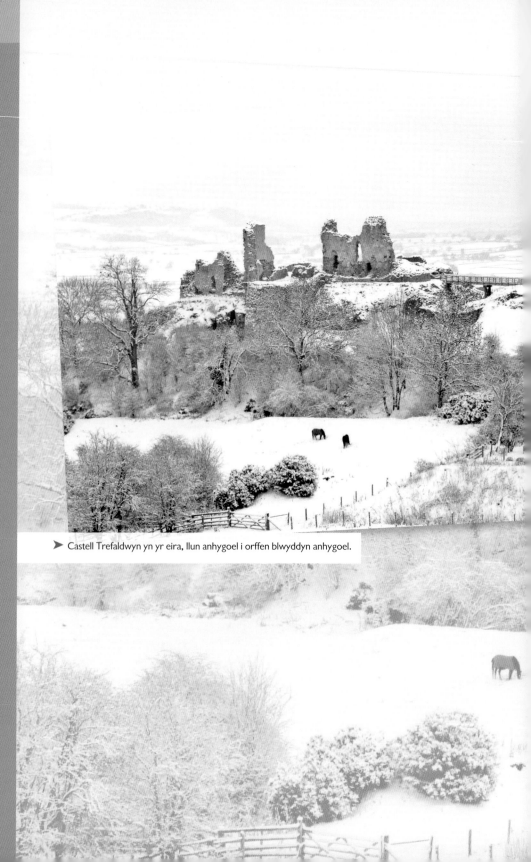

➤ Castell Trefaldwyn yn yr eira, llun anhygoel i orffen blwyddyn anhygoel.

▲ Roedd hyd yn oed afon Gwy wedi rhewi!